Reihe *leicht gemacht*®

Herausgeber:
Prof. Dr. Hans-Dieter Schwind
Richter Dr. Peter-Helge Hauptmann

Die Steuer der GmbH

leicht gemacht

Das Steuerlehrbuch zur
wichtigsten Kapitalgesellschaft

2., überarbeitete Auflage

von

Reinhard Schin

Steuerberater

Ewald v. Kleist Verlag, Berlin

Besuchen Sie uns im Internet:
www.leicht-gemacht.de

Umwelthinweis:
Dieses Buch wurde auf chlorfrei gebleichtem Papier gedruckt

Autoren und Verlag freuen sich über Anregungen
Gestaltung: Michael Haas, www.montalibros.eu; J. Ramminger, Berlin
Druck & Verarbeitung: Druck und Service GmbH, Neubrandenburg
leicht gemacht® ist ein eingetragenes Warenzeichen

ISBN 978-3-87440-303-0

Inhalt

I. Grundlagen des Besteuerungsverfahrens

Lektion 1: Die GmbH und die Steuern. 5
Lektion 2: Die GmbH und das Finanzamt 11

II. GmbH und Körperschaftsteuer

Lektion 3: Die Einkommensermittlung 27
Lektion 4: Offene und verdeckte Gewinnausschüttung 43
Lektion 5: Verdeckte Einlagen 67
Lektion 6: Nicht abziehbare Betriebsausgaben. 74
Lektion 7: Der Spendenabzug 91
Lektion 8: Die Organschaft 96
Lektion 9: Ausländische Einkünfte 105
Lektion 10: Verlustabzug und Verlustvernichtung. 122

III. GmbH und Gewerbesteuer

Lektion 11: Die Besteuerung des Gewerbeertrages. 129
Lektion 12: Die Hinzurechnungen in der Gewerbesteuer. 135
Lektion 13: Die Kürzungen in der Gewerbesteuer 141
Lektion 14: Zerlegung des Gewerbesteuermessbetrages. 145
Lektion 15: Verlustabzug und Organschaft 148

IV. Die sonstigen Steuerarten

Lektion 16: Die Umsatzsteuer 152
Lektion 17: Die umsatzsteuerliche Organschaft 179
Lektion 18: Die Kapitalertragsteuer 182
Lektion 19: Die Lohnsteuer 185
Lektion 20: Grundsteuer, Grunderwerbsteuer, Bauabzugsteuer 188

V. GmbH und Liquidation

Lektion 21: Die Liquidationsbesteuerung 195

VI. Besteuerung der Gesellschafter

Lektion 22: Juristische Personen als Anteilseigner 201
Lektion 23: Natürliche Personen –
Anteilsbesitz im Betriebsvermögen. 206
Lektion 24: Natürliche Personen –
Anteilsbesitz im Privatvermögen 211

Übersichten

Übersicht 1 Einteilung der Steuern 9

Übersicht 2 Korrekturvorschriften für Steuerbescheide 25

Übersicht 3 Der Weg des Gewinns zum versteuernden Einkommens. 30

Übersicht 4 Prüfschema der Steuerpflicht in Deutschland 33

Übersicht 5 Die Phasen der GmbH Gründung 37

Übersicht 6 Die Einkommensermittlung in der Körperschaftsteuer 38

Übersicht 7 Die Fallgruppen der verdeckten Gewinnausschüttung 62

Übersicht 8 Vergleich der verdeckten Gewinnausschüttung/Einlage 71

Übersicht 9 Die nicht abziehbaren Betriebsausgaben 89

Übersicht 10 Besteuerung ausländischer Einkommensteile *mit* vorliegenden Doppelbesteuerungsabkommen 111

Übersicht 11 Besteuerung ausländischer Einkommensteile *ohne* vorliegendes Doppelbesteuerungsabkommen 115

Übersicht 12 Berücksichtigung ausländischer Verluste in Deutschland. 120

Übersicht 13 Die Gewerbesteuerermittlung bei einer Kapitalgesellschaft (GmbH) 134

Übersicht 14 Die Hinzurechnungen und Kürzungen in der Gewerbesteuer. 144

Übersicht 15 Die Steuerermittlung in der Körperschaft-/Gewerbesteuer 151

Übersicht 16 Optionen zur Steuerpflicht 164

Übersicht 17 Die formalen Rechnungsanforderungen gemäß § 14 Abs. 4 UStG 169

Übersicht 18 Umsatzsteuerliches Prüfschema. 177

Übersicht 19 Beispiele für Lohnsteuerpauschalierte Leistungen . . . 187

Übersicht 20 Besteuerung des Anteilbesitzes 215

I. Grundlagen des Besteuerungsverfahrens

Lektion 1: Die GmbH und die Steuern

Sie haben es mit einer Gesellschaft mit beschränkter Haftung (GmbH) zu tun? Dann kommen Sie am Thema Steuern nicht vorbei! Mit dem vorliegenden Buch erhalten Sie nicht nur das nötige Wissen über die steuerlichen Belastungen (Festsetzungen, Geldabflüsse), sie werden auch mit den organisatorischen Vorkehrungen (Zahlungstermine, Haftungsfallen) vertraut.

Los geht es mit einer Einführung in das Besteuerungsverfahren. Danach werden die Hauptsteuern der GmbH, die Körperschaftsteuer und die Gewerbesteuer, sowie deren Ermittlung dargestellt. Der nächste Themenkomplex behandelt alle weiteren Steuerarten, die dem Geschäftsführer einer GmbH in der täglichen Praxis begegnen. Abschließend werden die Endbesteuerung der GmbH, die Liquidationsbesteuerung und die Besteuerung auf der Ebene der Gesellschafter (Anteilseigner) dargestellt.

Seit einiger Zeit existiert die „neue" Gesellschaftsform der haftungsbeschränkten Unternehmergesellschaft. Die haftungsbeschränkte Unternehmergesellschaft, auch „1-Euro-GmbH" genannt, ist grundsätzlich eine GmbH, jedoch mit einigen gesellschaftsrechtlichen Besonderheiten. Auf diese Besonderheiten wird hier ebenfalls eingegangen. Die Besteuerung der haftungsbeschränkten Unternehmergesellschaft entspricht jedoch in allen Punkten exakt der Besteuerung einer GmbH (es ist ja eine GmbH). Insofern sind alle Darstellungen dieses Buches direkt auf die 1-Euro-GmbH anwendbar.

Auch für die „Directors" (Geschäftsführer) einer Limited ist dieses Buch bestimmt. Limited (Ltd.) ist eine Bezeichnung für Kapitalgesellschaften in englischsprachigen Ländern. Diese werden aus Kostengesichtspunkten gern in England mit einer Niederlassung in Deutschland gegründet, wobei die Geschäfte dann nur aus Deutschland abgewickelt werden. Diese in Deutschland ansässige Limited unterliegt, wie die GmbH, dem deutschen Besteuerungsrecht.

Fall 1: Steuern? Ja oder nein?

Herr Kosslowski, Gesellschafter und Geschäftsführer der „Carus Werkstatt GmbH“ öffnet seinen Briefkasten und findet folgende Zahlungsaufforderungen:

a) 5.000 € für den Ausbau der Anliegerstraße mit Bürgersteigen

b) 3.000 € Vorauszahlung zur Körperschaftsteuer

c) 50 € Verspätungszuschlag wegen verspäteter Abgabe der Steuererklärungen 01

d) 1.000 € Schulgeld

Handelt es sich jeweils um Steuerzahlungen?

zu a): Bei der Zahlung für die Straßenarbeiten handelt es sich um eine öffentliche Abgabe (Anliegerbeitrag) und nicht um eine Steuer. Er erhält für die Zahlung einen Gegenwert in Form der neuen Straße.

zu b): Die Körperschaftsteuerzahlung ist, wie der Name schon sagt, eine Steuerzahlung. Besteuert wird der Ertrag (das Einkommen) der „Carus Werkstatt GmbH“.

zu c): Der Verspätungszuschlag ist selbst keine Steuer, sondern gehört zu den sogenannten steuerlichen Nebenleistungen (§ 3 Abs. 4 Abgabenordnung). Ein Verspätungszuschlag kann bei verspäteter Abgabe von Steuererklärungen (bzw. -anmeldungen) festgesetzt werden (§ 152 AO).

zu d): Bei der Schulgeldzahlung handelt es sich um eine Gebühr, für die Benutzung einer bestimmten Schule. Es liegt wieder ein Leistungsaustausch vor.

Fassen wir daher zusammen: Was sind eigentlich Steuern?

Steuern sind Abgaben an den Staat, ohne dass der Zahlung eine bestimmte Gegenleistung gegenübersteht. Sie können also nicht verlangen, dass Ihre Zahlungen für bestimmte Projekte verwendet werden (Bau neuer Schulen im Wohngebiet, Ausbesserung von Sportplätzen etc.). Steuern sind reine Geldleistungen. Mit den Einnahmen finanziert der Staat seine Ausgaben (Polizei, Feuerwehr, Straßenbau etc.).

Und für alle Interessierten ein Blick zum Beginn der Steuereintreibung: Die ersten Aufzeichnungen über Steuern (Abgaben) stammen aus Ägypten, aus dem 3. Jahrtausend vor Christus. Damit das Geld reichlich fließe, waren auch schon im Altertum der Phantasie keine Grenzen gesetzt. Ein „schönes kreatives" Steuerbeispiel bildet die sogenannte „Urinsteuer" des römischen Kaisers Vespasian. Jeder Bürger, der die öffentlichen Bedürfnisanstalten benutzte, musste diese Steuer für seinen „Gang" bezahlen. Daraufhin von seinem Sohn angesprochen, ob das nicht etwas zu weit führe, antwortete der Kaiser „Pecunia non olet" (Geld stinkt nicht).

Diese Steuerart gibt es zum Glück nicht mehr, aber dafür müssen Sie für Ihr Unternehmen mit einer ganzen Reihe anderer Steuerarten rechnen.

Unternehmenssteuern

Unternehmenssteuern sind betriebliche Steuern, die nur durch Firmen (Unternehmen) zu zahlen sind. Dazu zählen als Hauptsteuern die Körperschaftsteuer und die Gewerbesteuer.

Bei den Unternehmenssteuern wird der Ertrag (vereinfacht der Gewinn) der Firma besteuert. Aus diesem Grunde spricht man auch von Ertragsteuern. Die Ertragsteuer für natürliche Personen ist übrigens die Einkommensteuer. Die Bemessungsgrundlage (die Basis) für den Ertrag wird aus dem Jahresabschluss abgeleitet. Der Gewinn des letzten Geschäftsjahres dient auch als Basis für die Höhe der zukünftigen Vorauszahlungen. Vorauszahlungen zur Körperschaftsteuer sind immer zum 10.03, 10.06, 10.09 und 10.12 eines Jahres fällig. Die Vorauszahlungstermine zur Gewerbesteuer sind der 15.02., 15.05., 15.08. und 15.11. eines Jahres. Die Vorauszahlungen werden später mit der Jahressteuerschuld verrechnet. Zuviel gezahlte Steuern werden erstattet. Wurde zu wenig vorausbezahlt, ist die restliche Steuerschuld innerhalb eines Monats nach Festsetzung nachzuentrichten.

Was wird außer dem Ertrag noch besteuert?

Werden rechtliche und wirtschaftliche Vorgänge besteuert, handelt es sich um sogenannte Verkehrssteuern (der „Geschäftsverkehr“ wird besteuert). Zu den Verkehrssteuern gehören z.B. die Umsatzsteuer (auch Mehrwertsteuer genannt), die Grunderwerbsteuer (z.B. beim Kauf von Immobilien und Grundstücken), oder die Versicherungssteuer.

Neben dem „Ertrag“ und dem „Verkehr“ wird auch der Verbrauch besteuert. Das bekannteste Beispiel für eine Verbrauchsteuer ist die Mineralölsteuer. Aber auch wenn Sie z.B. ein Bier oder ein Glas Sekt trinken, schlägt der Fiskus speziell zu (Biersteuer, Schaumweinsteuer). Je mehr Sie trinken oder Auto fahren, umso mehr Verbrauch wird besteuert.

Fall 2: Steuerarten

Die „Carus GmbH“ leistete in der vergangenen Woche folgende Steuerzahlungen. Bitte teilen Sie die Steuern nach Ertrag, Verkehr und Verbrauch auf.

1. 1.000 € Vorauszahlung zur Körperschaftsteuer

2. Kauf von Motorersatzteilen 1.000 € + 19 % Umsatzsteuer = 1.190 €

3. Tankquittung über 50 l Benzin 60 € (enthaltene Mineralölsteuer, 32,70 €)

Bei der Zahlung der Körperschaftsteuer wurde die unternehmerische Ertragsteuer bezahlt. Mit dem Kauf der Ersatzteile wurde ein Vorgang im Geschäftsverkehr besteuert. Die bezahlte Umsatzsteuer gehört zu den Verkehrssteuern. Der Verbrauch (Kauf) von 50 Litern Benzin wurde mit der Mineralölsteuer belastet. Es handelt sich also um eine Verbrauchsteuer.

Leitsatz 1

!

Was sind Steuern?

Steuern sind Abgaben an den Staat zur Deckung seines Finanzbedarfs. Mit der Zahlung wird **keine Gegenleistung** erworben. Die Steuern können z.B. nach dem Ansatz der Besteuerung unterteilt werden (was wird besteuert?). Bei den Ertragsteuern wird das Einkommen besteuert, bei wirtschaftlichen Vorgängen (Verträge, Kaufhandlungen) wird der Verkehr besteuert. Der Verzehr (Verbrauch) von speziellen Gütern unterliegt einer Verbrauchsteuer.

Lektion 2: Die GmbH und das Finanzamt

Kein anderer Ihrer „Geschäftspartner" wird wahrscheinlich für soviel Unruhe und Aufregung sorgen, wie das Finanzamt. Bevor Sie in die Besteuerung der GmbH eintauchen, sollten Sie daher kurz das Spannungsverhältnis zwischen der GmbH und dem Finanzamt kennenlernen.

Der Vertrag für diese „besondere Geschäftsbeziehung" ist die Abgabenordnung (AO). Diese regelt nicht nur das Verhältnis zwischen dem Steuerpflichtigen und der Finanzverwaltung, sondern ist gleichzeitig Rahmengesetz für viele andere Steuergesetze. Das bedeutet, die Verfahrensregelungen der Abgabenordnung sind für andere Steuergesetze bindend, soweit nicht explizit in dem betreffenden Steuergesetz eine eigenständige Regelung existiert.

Fall 6: Zuständigkeit des Finanzamtes

Herr Balduin aus Berlin hat im Jahr 01 die „Schlafwohl GmbH" gegründet und sich gleichzeitig zum Geschäftsführer bestellt. Kurze Zeit später bekommt er für die GmbH Post vom Finanzamt für Körperschaften II. Gleichzeitig erhält er den Einkommensteuerbescheid für das vergangene Jahr. Dieser kommt jedoch vom Finanzamt Berlin Prenzlauer Berg. Er möchte gerne wissen, wieso das Finanzamt nicht einheitlich die Bescheide versendet.

Das Finanzamt gibt es natürlich nicht. Die Zuständigkeit des Finanzamtes für die Besteuerung natürlicher Personen (GmbH-Geschäftsführer) richtet sich in der Regel nach dem Wohnort (§ 19 AO). Die Zuständigkeit des Finanzamtes für GmbHs richtet sich nach dem Sitz der Geschäftsleitung (§ 20 AO). In größeren Städten existieren für juristische Personen (also auch Kapitalgesellschaften) spezialisierte Finanzämter, die sogenannten Finanzämter für Körperschaften. In kleineren Gemeinden werden die Kapitalgesellschaften durch das örtlich zuständige Finanzamt „betreut".

Fall 7: Begriff der Körperschaften

Herr Balduin kann sich unter dem Begriff Körperschaften nichts vorstellen.

Können Sie ihm weiterhelfen?

Die Gesellschaft mit beschränkter Haftung ist eine juristische Person. Die Urform der juristischen Person ist übrigens der eingetragene Verein. Juristische Personen benötigen für Ihre Teilnahme am wirtschaftlichen Leben (für Ihre Rechtsfähigkeit) bestimmte Gründungsvoraussetzungen. Das bedeutet, sie existieren nicht de facto (wie der Mensch ab seiner Geburt), sondern zum Entstehen benötigen sie einen künstlichen Geburtsvorgang. Diese Geburt ist die Gründung beim Notar im ersten und die Anmeldung beim Handelsregister im zweiten Schritt. Mit der Veröffentlichung der Gesellschaftsdaten durch das Handelsregister ist der Gründungsprozess abgeschlossen. Die Gesellschaft ist rechtsfähig. Damit eine juristische Person am Geschäftsleben teilnehmen kann, benötigt sie einen oder mehrere Vertreter. Das sind z.B. bei der Aktiengesellschaft der Vorstand und bei der GmbH der oder die Geschäftsführer. Diese Personen stellen Ihren Körper der Gesellschaft als „Sprachrohr“ zur Verfügung. Bei juristischen Gebilden, die nur durch natürliche Personen vertreten werden können, spricht man folglich von Körperschaften.

Fall 8: Unterscheidung von Körperschaften

Herr Balduin hat in dem Zusammenhang etwas von Körperschaften des öffentlichen Rechts gehört. Gibt es denn auch ein „verdecktes“ Recht?

Nein, es gibt kein „verdecktes“ Recht, sondern öffentliches Recht und privates Recht. Deshalb werden die Körperschaften auch unterschieden in Körperschaften des öffentlichen und des privaten Rechts. Körperschaften des privaten Rechts sind die Unternehmen, die durch einen privatrechtlichen Gründungsakt (der zukünftigen Anteilseigner) entstanden sind. Unter Privatrecht wird z.B. das GmbHG oder AktG verstanden (Gesetz betreffend der Gesellschaften mit beschränkter Haftung, Aktiengesetz).

Die Körperschaften des öffentlichen Rechts entstehen durch einen öffentlich-rechtlichen Hoheitsakt und nehmen entsprechende hoheitliche Aufgaben wahr (z.B. Berliner Wasserbetriebe, kommunale Freizeitbäder, Handwerkskammern etc.).

Neben der GmbH, als bekannteste Körperschaft, existieren aber auch noch viele weitere Formen. Andere Körperschaften wären z.B. die Aktiengesellschaft oder die Genossenschaft.

Leitsatz 3

Was ist eine Körperschaft?

Juristische Personen benötigen zur Teilnahme am wirtschaftlichen Verkehr einen **Vertreter**. Das ist bei der GmbH der **Geschäftsführer**. Er ist das **Sprachrohr** der Gesellschaft. Daher werden die Gesellschaften, die einen „Ersatzkörper" zum Handeln benötigen, Körperschaften genannt.

Die Anzeige der Gesellschaft beim Finanzamt

Fall 9: Die steuerliche Gründungsanzeige

Herr Balduin möchte nun von Ihnen wissen, woher das Finanzamt Kenntnis von der GmbH Gründung hatte. Er hatte die Gründung nicht „hinausposaunt".

Die Gründungsurkunde wird durch den an der Gründung beteiligten Notar an das Finanzamt versendet. Er zeigt somit die Gründung gegenüber dem Finanzamt an. Das zuständige Finanzamt versendet daraufhin an den Geschäftsführer einen Fragebogen für die steuerliche Erfassung der Gesellschaft. Unabhängig von der Notaranzeige ist der Geschäftsführer verpflichtet, die Gründung und sonstige Änderungen dem Finanzamt anzugeben. Dafür ist eine gesetzliche Frist von einem Monat nach Ereigniseintritt festgelegt (§ 137 AO).

Steuertipp: *In dem Fragebogen des Finanzamtes muss auch der erwartete Gewinn erklärt werden. Prognostizieren Sie trotz aller Gründungseuphorie äußerst vorsichtig. Der zu erwartende Gewinn wird für die Berechnung der Steuervorauszahlungen (Körperschaftsteuer, Gewerbesteuer) herangezogen. Kalkulieren Sie mit einer schwarzen Null (das heißt keine nennenswerten Gewinne, aber auch keine Verluste), dann sind vorerst auch keine Vorauszahlungen zu leisten. Die Liquidität bleibt in der Firma. Sollten die Erwartungen übertroffen werden, kann später immer noch ein Anpassungsantrag der Vorauszahlungen gestellt werden.*

Pflichten des Geschäftsführers

Fall 10: Pflichten des Geschäftführers

Herr Balduin war sich der Meldung beim Finanzamt überhaupt nicht bewusst. Nun möchte er von Ihnen wissen, was für weitere steuerliche Pflichten auf ihn zukommen.

Die Hauptaufgabe des GmbH-Geschäftsführers für das Finanzamt ist ganz klar, die steuerlichen Pflichten zu erfüllen, also die Steuern pünktlich anzumelden (zu erklären) und zu entrichten (§ 34 AO). Als (Steuer-) Verfahrensbeteiligter ist der Geschäftsführer verpflichtet, alle Auskünfte zu erteilen (§ 93 AO) und die Steuererklärungen eigenhändig unterschrieben und termingerecht einzureichen (§ 150 AO).

Ist die Steuererklärung nicht unterschrieben, gilt sie als nicht abgegeben!

Übrigens: Handelsrechtlich muss der Geschäftsführer auch den Jahresabschluss eigenhändig unterschreiben (§ 245 Handelsgesetzbuch-HGB).

Doch was kann passieren, wenn der Geschäftsführer seine steuerlichen Pflichten nicht erfüllt?

Dann kommen wir zu einem schwerwiegenden Kapitel innerhalb der Abgabenordnung, der Haftung der Geschäftsführer.

Vertreterhaftung (§ 69 AO)

Das Besondere (und das Reizvolle) an einer Kapitalgesellschaft ist die Beschränkung der Haftung auf das Gesellschaftsvermögen.

Doch plötzlich soll der GmbH-Geschäftsführer mit seinem Privatvermögen haften? Ja! Leider ist das so!

Der Geschäftsführer kann als Vertreter der GmbH in die Haftung mit seinem Privatvermögen geraten, wenn er zumindest grob fahrlässig die steuerlichen Pflichten der Gesellschaft nicht erfüllt. Was ist darunter zu verstehen?

Fall 11: Haftung des Geschäftsführers

Aufgrund des Zahlungsausfalls eines Großkunden gerät die „Schiffswerft Moby GmbH" in die Zahlungsunfähigkeit. Schulden in Höhe von 200.000 € (davon gegenüber dem Finanzamt an betrieblichen Steuern 50.000 €) stehen Bankguthaben in Höhe von 20.000 € gegenüber.

Herr Ahab, Geschäftsführer der GmbH, stellt einen Insolvenzantrag. Das Bankguthaben in Höhe von 20.000 € verwendet er, um sich seinen ausstehenden Lohn auszuzahlen. Drei Monate später erhält er Post vom Finanzamt, mit der „Bitte" die Steuerschulden der GmbH persönlich zu begleichen. Zu Recht?

Ja, Herr Ahab verletzte grob fahrlässig seine steuerlichen Pflichten, als er das vorhandene Bankguthaben nur für den ausstehenden Lohn verwendete. Das Finanzamt ist berechtigt, einen sogenannten „Haftungsbescheid" (§ 191 AO) zu erlassen.

Steuertipp: *Bei der Haftung ist jedoch der Grundsatz der anteiligen Tilgung zu beachten. Das bedeutet, ist nicht genug Vermögen vorhanden, um die Schulden komplett zu bezahlen (bei der Zahlungsunfähigkeit also immer), liegt auch nur eine anteilige Haftung für nicht bezahlte Schulden vor. Es sind die Höhe der Schulden und der Guthaben gegenüberzustellen. Im vorliegenden Beispielsfall sind es 200.000 € Schulden zu 20.000 € Bankguthaben. Das würde eine Tilgungsquote von 10 % bedeuten. Daher haftet Herr Ahab nur in Höhe von 10 % von 50.000 € (Finanzamtschulden), also nur mit 5.000 €. Sollten Sie zukünftig einen Liquiditätsengpass haben, dann ist es oberster Grundsatz, die Höhe der verfügbaren Gelder zu ermitteln. Entsprechend der so ermittelten Tilgungsquote sollten Sie die betrieblichen Schulden bedienen. Die Tilgungsquote ist jedoch nicht für die „treuhänderischen Steuern" relevant. Diese (z.B. die Lohnsteuer) dürfen nicht anteilig, sondern müssen in voller Höhe beglichen werden!*

Abgabe der Steuererklärungen

Die Steuererklärungen sind auf amtlichen Vordruck oder elektronisch einzureichen. Seit dem Steuerjahr 2011 besteht eine gesetzliche Verpflichtung die Steuererklärungen elektronisch einzureichen. Davon kann nur in begründeten Ausnahmefällen abgewichen werden. Neben den Steuererklärungen muss der ebenfalls durch den Geschäftsführer eigenhändig unterschriebene (§ 245 HGB) Jahresabschluss vorgelegt werden. Seit dem Wirtschaftsjahr 2012 besteht auch hierfür der Zwang einer elektronischen Einreichung beim Finanzamt, die sogenannte E-Bilanz.

Fall 12: Abgabetermin der Steuererklärungen

Ein Jahr ist vergangen und der Steuerberater von Herrn Balduin (Fall 10) erhält im März 02 erneut Post vom Finanzamt. Dieser wird gebeten, für die „Schlafwohl GmbH" die Steuererklärungen 01 bis zum 31.08.02 einzureichen. Herr Balduin ist einigermaßen verblüfft. Bisher kannte er aus seinen Angestelltendasein nur den 31.05. eines Jahres als Abgabetermin der Steuererklärungen.

Die gesetzliche Abgabefrist ist tatsächlich der 31. Mai des Folgejahres (§ 149 Abs. 2 AO). Soweit die GmbH jedoch gegenüber dem Finanzamt steuerlich vertreten wird (z.B. durch einen Steuerberater), verlängert sich die Abgabefrist im Regelfall auf den 31.12. des Folgejahres. Dabei ist das Finanzamt berechtigt auch in diesen Fällen Steuererklärungen vorfristig (nach den 31.05. aber vor dem 31.12.) anzufordern. Das ist in diesem Fall geschehen.

Aber Achtung! Sollte die Erklärung beim Finanzamt wiederholt verspätet eingereicht werden, ist dieses ebenso berechtigt, einen Verspätungszuschlag zu erheben (§ 152 AO).

Ein Verspätungszuschlag ist eine Art Bußgeld, der zusätzlich zur Steuer erhoben wird.

Steuertipp: *Die Festsetzung des Verspätungszuschlages ist eine Ermessensentscheidung (§ 5 AO). Das bedeutet, das Finanzamt muss bestimmte „Spielregeln" beachten:*

1. *Der Verspätungszuschlag sollte immer zeitnah mit dem Steuerbescheid festgesetzt werden (und nicht Wochen später).*

2. *Der Verspätungszuschlag darf 10 % der festgesetzten Steuer nicht überschreiten.*

3. *Handelt es sich um eine erstmalige, verspätete Abgabe, ist i.d.R. kein Verspätungszuschlag festzusetzen.*

4. *Bei der Erhebung des Verspätungszuschlages ist auch der finanzielle Vorteil zu beachten. Das bedeutet, liegt keine Steuernachzahlung vor, existiert auch kein finanzieller Vorteil durch die verspätete Abgabe der Steuererklärung.*

Sie können sich gegen den Verspätungszuschlag wehren!

Wie? Das lesen Sie im noch folgenden Lektionsabschnitt „Der Rechtsbehelf“.

Hinweis: *Der handelsrechtliche Abgabetermin für den Jahresabschluss ist übrigens der dritte Monat nach Ablauf des Geschäftsjahres (§ 264 HGB) und verlängert sich für kleine Kapitalgesellschaften um drei Monate. Richtig böse kann es werden, wenn innerhalb von zwölf Monaten nach Ablauf des Geschäftsjahres kein Jahresabschluss eingereicht und veröffentlicht wurde (www.unternehmensregister.de). Auch diese Veröffentlichung muss elektronisch erfolgen. Wird diese Frist überschritten, leitet das Bundesamt für Justiz automatisch ein Ordnungsgeldverfahren mit entsprechenden Bußgeldern ein. Derzeit ist geplant, für kleine Kapitalgesellschaften die Veröffentlichungspflicht zu lockern (MicroBilG). Gesellschaften, deren Umsatz nicht mehr als 700.000 € und die Bilanzsumme maximal 350.000 € beträgt und zudem nicht mehr als 10 Arbeitnehmer beschäftigt sind, müssen ihren Jahresabschluss nicht mehr jährlich im Bundesanzeiger veröffentlichen. Es genügt zukünftig, wenn der Jahresabschluss dort nur noch hinterlegt wird. Diese Neuregelung soll ab dem Wirtschaftsjahr 2012 gelten.*

Der Steuerbescheid

So wie es das Finanzamt nicht gibt, existiert auch nicht nur eine Art von Steuerbescheiden. Im Regelfall wird mit dem Steuerbescheid eine bestimmte Steuer festgesetzt. Das bedeutet, der Bescheid erläutert die Art und die Höhe der zu zahlenden Steuer und wann diese zu zahlen ist.

Es existieren aber auch Steuerbescheide, die gar keine Steuern festsetzen, sondern nur Werte, die für die weitere Besteuerung bindend sind. Das ist zum Beispiel bei der Gewerbesteuer der Fall (Themenkomplex ab Lektion 11 Gewerbesteuermessbetrag).

Diese Bescheide werden auch Grundlagenbescheide genannt.

Der Steuerbescheid ist ein zentraler Bestandteil der „Geschäftsbeziehung“ zwischen der GmbH und dem Finanzamt. Es lohnt sich also, in das Thema etwas tiefer einzusteigen.

Der Steuerbescheid gehört zu den Verwaltungsakten.

Verwaltungsakte werden immer von einer Behörde (also Finanzamt) erlassen und regeln eine Entscheidung im Einzelfall.

Fall 13: Unwirksamer Steuerbescheid

Frau Almgurt Geschäftsführerin der „Bio-Molkerei GmbH“ erhält einen Steuerbescheid zur Zahlung der Körperschaftsteuer 01. Aufgrund eines Druckfehlers fehlen der Name und die Anschrift des Finanzamtes. Auch aus den Erläuterungen ist nicht offenkundig, welche Behörde genau den Bescheid erlassen hat.

Muss Frau Almgurt die Körperschaftsteuer bezahlen?

Nein, der Steuerbescheid ist nichtig, weil er die erlassende Behörde nicht erkennen lässt (§ 125 AO).

Leidet ein Verwaltungsakt unter einen besonders schwerwiegenden Fehler, ist er nichtig. Das bedeutet, er entfaltet keine Rechtswirkung.

Damit ein Steuerbescheid Rechtswirkung entfalten kann, müssen bestimmte Formalien eingehalten werden:

- Gebot der schriftlichen Bekanntgabe

  Steuerbescheide sind immer schriftlich zu erlassen (§ 157 AO).

- Gebot der inhaltlichen Bestimmtheit

  Werden die Steuerart, die Steuerhöhe und der Steuerschuldner im Bescheid eindeutig benannt?

- Gebot der persönlichen Bekanntgabe

  Wurde dem Steuerschuldner (die Gesellschaft) oder dem Empfangsbevollmächtigten (z.B. der Steuerberater), der Bescheid bekanntgegeben? Ist die erlassende Behörde (Finanzamt, Gemeinde) klar erkennbar?

Per Fiktion (Vermutung) gilt ein Steuerbescheid drei Tage nach Bescheiddatum als bekanntgegeben. Fällt dieser Tag auf ein Wochenende oder einen Feiertag, verlängert sich die Frist bis zum darauf folgenden Werktag. (§ 122 AO).

Der Tag der Bekanntgabe ist sehr wichtig für die Berechnung der Rechtsbehelfsfrist.

Der Rechtsbehelf

Der Rechtsbehelf ist nichts anderes als das was umgangssprachlich mit Widerspruch bezeichnet wird und finanztechnisch korrekt der Einspruch ist. Das bedeutet, sind Sie der Meinung der Steuerbescheid ist nicht in Ordnung, dann fühlen Sie sich beschwert (§ 350 AO).

Sie schreiben dem Finanzamt warum Sie sich beschwert fühlen, also warum Sie denken, dass die Steuerfestsetzung des Bescheides fehlerhaft ist.

Dieses Schreiben wird Einspruch genannt.

Einsprüche müssen immer schriftlich erfolgen. Sie benennen den Bescheid und erläutern, warum Sie denken, dass dieser nicht in Ordnung ist. Folgt das Finanzamt Ihrer Auffassung, wird ein sogenannter Abhilfebescheid erlassen. Das ist ein neuer Steuerbescheid, der in den monierten Punkten geändert wurde. Sie haben allerdings nur einen Monat nach Bescheideingang Zeit, Ihre Bedenken vorzubringen (§ 355 AO). Die Frist beginnt mit dem Tag der Bekanntgabe und endet genau einen Monat später. Fällt das Ende dieser Frist auf ein Wochenende oder einen Feiertag, verschiebt sich das Ende der Frist bis zum nächstfolgenden Werktag.

Fall 14: Fristberechnung

Für die „Pallhuber GmbH“ wird durch das Finanzamt München der Bescheid zur Körperschaftsteuer 01 am Dienstag den 28.04.02 zur Post gegeben. Am 29.04.02 öffnet der Geschäftsführer der GmbH, Herr Pallhuber, den Briefkasten und findet diese persönliche Einladung zur Steuerzahlung. Der Bescheid hat das Datum vom 28.04.02.

Wann gilt der Bescheid als zugegangen?

Wann endet die Rechtsbehelfsfrist?

Per Fiktion gilt der Bescheid als am dritten Tag nach Aufgabe zur Post als bekannt gegeben (§ 122 AO). Als Posttag gilt dabei der Bescheidtag. Das bedeutet: Der dritte Tag nach Aufgabe zur Post ist Freitag der 01.05.02. Dabei handelt es sich jedoch um einen Feiertag. Somit wurde der Bescheid erst am nächstfolgenden Werktag (Montag den 04.05.02) bekannt gegeben. Es ist unerheblich, ob der Bescheid tatsächlich früher angekommen ist.

Die Frist für die Einlegung eines Einspruchs beginnt am Dienstag den 05.05.02 (0:00 Uhr) und endet am Donnerstag den 04.06.02 (24:00 Uhr, einen Monat nach Bekanntgabe).

Herr Pallhuber hätte also bis zum 04.06.02 Zeit Einspruch einzulegen.

Steuertipp: *Einsprüche gegen Steuerbescheide müssen immer schriftlich eingelegt werden. Aber vielleicht handelt es sich nur um eine Lappalie, die mit einem Telefonat geklärt werden kann? Auch das ist möglich. In solchen Fällen spricht man von einen Antrag auf schlichte Änderung (§ 172 AO). Die Frist für den Antrag ist mit der Rechtsbehelfsfrist identisch; also einen Monat nach Bescheidbekanntgabe. Notieren Sie sich jedoch für Nachweiszwecke, wann Sie mit wem worüber gesprochen haben.*

Leitsatz 4

Der Steuerbescheid

Steuerbescheide sind **Verwaltungsakte**. Damit diese Rechtswirkung entfalten können, sind bestimmte Formalien durch die Finanzbehörde einzuhalten. Gegen einen Bescheid, mit dem man nicht einverstanden ist, kann **Einspruch** eingelegt werden. Die **Frist** für den Einspruch beträgt **einen Monat nach Bekanntgabe** des Bescheides. Per Fiktion gilt der Bescheid **am dritten Tag** nach Bescheiddatum als bekannt gegeben.

Steuertipp: *Ein Bestandteil des Steuerbescheides ist die „Rechtsbehelfsbelehrung". Die Rechtsbehelfsbelehrung erläutert die Einmonatsfrist für den Einspruch. Fehlt diese Belehrung, können Sie sich sogar ein Jahr für den Einspruch Zeit lassen (§356 Abs. 2 AO). Ist die Rechtsbehelfsbelehrung fehlerhaft, verlängert sich die Einspruchsfrist ebenfalls auf ein Jahr. Das kann zum Beispiel sein, wenn der Hinweis fehlt, dass Einsprüche auch auf elektronischem Wege - per E-Mail - eingelegt werden können.*

Hinweis: *Das Finanzamt muss natürlich nicht generell ihren Wünschen nachkommen und den Bescheid nach einem Einspruch ändern. Wird der Einspruch abgewiesen, ist eine Klage vor dem zuständigen Finanzgericht möglich. Die Frist für die Einreichung der Klage beträgt ebenfalls einen Monat nach Eingang der Abweisung (drei Tage Fiktion beachten). Sollten Sie beim Finanzgericht ebenfalls mit Ihrem Anliegen scheitern, ist als oberstes „Steuergericht" der Bundesfinanzhof (BFH) in München zuständig. Gegen das Urteil des Finanzgerichtes kann dann beim BFH, als letzte fiskalische Rechtsinstanz, Revision eingelegt werden. Übrigens: Sollten Sie das Klageverfahren gewinnen, erhalten Sie in der Regel Ihre Rechts- und Beratungskosten (Rechtsanwalt/Steuerberater) vom Finanzamt erstattet.*

Korrekturmöglichkeiten von Steuerbescheiden

Innerhalb der Rechtsbehelfsfrist können Sie den Bescheid problemlos ändern lassen. Doch was geschieht nach diesem Monat? In der Abgabenordnung existieren eine ganze Reihe von Korrekturnormen. Diese greifen wenn die Ein-Monats-Frist abgelaufen ist.

Bescheid nach §164 AO

Auf der ersten Seite der Steuerbescheide, unterhalb der Art der Steuerfestsetzung, ist ein Hinweis, ob der Bescheid gemäß § 164 AO oder gemäß § 165 AO erlassen wurde.

Wenn der Bescheid nach § 164 AO erlassen wurde, bedeutet das, dass der Bescheid grundsätzlich jederzeit durch das Finanzamt oder durch einfachen Antrag der Gesellschaft geändert werden kann. Für die Änderung sind keine besonders zu beachtenden Korrekturvorschriften notwendig. Die Änderung kann bis zur Festsetzungsverjährung erfolgen.

Bescheid nach § 165 AO

Wurde der Steuerbescheid gemäß § 165 AO erlassen, bedeutet das, dass bis auf die in den Erläuterungen genannten Punkte, eine Änderung nur mit besonderen Korrekturvorschriften erfolgen kann. Unter Erläuterungen wird der Behördentext verstanden, der nach der eigentlichen Steuerberechnung folgt (meistens auf der Seite 2 oder 3 des Bescheides beginnend).

Die Korrektur aufgrund neuer Tatsachen § 173 AO

Unter einer neuen Tatsache wird all das verstanden, was zum Zeitpunkt der Einreichung der Steuererklärung entweder nicht dem Finanzamt oder nicht der Gesellschaft (oder beiden) bekannt war. Dabei muss diese neue Tatsache Auswirkungen auf den Gewinn und somit auf die Steuer haben.

Drei Grundregeln gilt es dabei zu beachten:

1. Führt die neue Tatsache zu einer höheren Steuer (Steuernachzahlung), dann ist das Finanzamt berechtigt zu ändern.

2. Führt die neue Tatsache zu einer niedrigeren Steuer (Steuererstattung), dann erfolgt nur eine Korrektur der Erklärung, wenn der Gesellschaft kein grobes Verschulden an dem späteren Bekanntwerden der neuen Tatsache trifft.

3. Ein Verschulden ist nicht von Belang, wenn die niedrigere Steuer im Zusammenhang mit einer höheren Steuer auftritt.

Ein kleiner Fall soll Licht in diese Norm bringen.

Fall 15: Neue Tatsache

Die Xantius GmbH erhielt im Jahr 02 eine einmalige Tippgeberprovision (Grundstücksvermittlung) in Höhe von 3.000 € von der Immo-World- AG. Diese Provision wurde bar ausbezahlt und vom Geschäftsführer der „Xantius GmbH“ unstrittig vergessen, in das Kassenbuch als Einnahme zu erfassen. Die Bescheide für 02 sind bereits erlassen und bestandskräftig. Aufgrund einer im Jahr 04 durchgeführten Betriebsprüfung bei der Immo-World-AG will das Finanzamt diesen Sachverhalt bei der Xantius GmbH nachversteuern.

Zu Recht?

Der Geschäftsführer findet noch Betriebsausgaben, die zweifelsohne mit der Provision in Zusammenhang stehen und bisher ebenfalls nicht buchhalterisch erfasst wurden (Bewirtungsaufwendungen 250 €). Kann er diese Ausgabe gewinnmindernd gegenrechnen?

Bei dem Sachverhalt handelt es sich um eine für das Finanzamt neue Tatsache. Der Gewinn muss um 3.000 € höher festgestellt werden. Die damit im Zusammenhang stehenden Bewirtungsaufwendungen sind ebenfalls neue Tatsachen. An dem späteren Bekanntwerden trifft jedoch der „Xantius GmbH" ein grobes Verschulden, so dass eine Berücksichtigung zugunsten der GmbH nicht in Frage kommt. Weil jedoch die Kosten in Höhe von 250 € ursächlich mit der Gewinnerhöhung (3.000 €) zusammenhängen, finden diese Aufwendungen ebenfalls Berücksichtigung. Das Finanzamt wird einen geänderten Bescheid mit einer Gewinnerhöhung von 2.750 € erlassen.

Hinweis: *Nach einer durch das Finanzamt abgeschlossenen Prüfung (Betriebsprüfung) ist eine Korrektur aufgrund neuer Tatsachen durch das Finanzamt nicht mehr möglich. Dann ist davon auszugehen, dass alle Tatsachen bekannt sein dürften. Eine Ausnahme davon bilden die Delikte Steuerhinterziehung und Steuerverkürzung. Liegen diese Sachverhalte vor, ist das Finanzamt weiterhin berechtigt, Steuerbescheide aufgrund neuer Tatsachen zu ändern.*

Fall 16: Widerstreitende Steuerfestsetzung

Im Rahmen der Jahresabschlusserstellung 01 für die „Xantius GmbH" wurde gemäß vorliegenden Bescheid eine Subventionsforderung für 01 in Höhe von 50.000 € als Ertrag eingebucht. Die Zahlung der Subvention erfolgte durch Überweisung im Jahr 02. Dieser Geldeingang wurde irrtümlicherweise ebenfalls als Ertrag gebucht. Der Fehler fiel erst bei der Erstellung des Jahresabschlusses 03 auf.

Wie ist zu verfahren?

Die „Xantius GmbH" muss einen Antrag auf Änderung des Steuerbescheides 02 stellen, weil der Ertrag von 50.000 € irrtümlicherweise zweimal berücksichtigt wurde (§ 174 Abs. 1 AO). Der Antrag auf Änderung ist für das Jahr 02 zu stellen, weil der Ertrag korrekt zum Jahr 01 gehört.

Natürlich kann die Korrektur auch den umgekehrten Weg gehen, nämlich dann, wenn irrtümlicherweise Betriebsausgaben (Aufwendungen) doppelt angesetzt wurden. In dem Fall kann das Finanzamt von sich aus tätig werden, ohne auf einen Antrag zu warten.

Fall 17: Grundlagenbescheid

Die „Xantius GmbH" ist an der „Yappa KG" beteiligt. Bei der „Yappa KG" fand für die Jahre 01 bis 02 eine Betriebsprüfung statt. Aufgrund dieser Betriebsprüfung wurden neue Feststellungsbescheide erlassen, bei denen der „Xantius GmbH" zusätzliche Kapitalertragsteuer in Höhe von jeweils 1.000 € zugewiesen wurden. Kann die „Xantius GmbH" diese Kapitalertragsteuer bei ihrer Steuererklärung nachträglich berücksichtigen?

Ja, es handelt sich bei dem Feststellungsbescheid um einen Grundlagenbescheid. Wenn der Grundlagenbescheid geändert wird, wird auch der (nachfolgende) Steuerbescheid geändert (§ 175 AO).

Leitsatz 5

Korrekturmöglichkeiten von Steuerbescheiden

Steuerbescheide können **vorläufig** nach § 164 AO oder vorläufig nach § 165 AO erlassen werden.

Steuerbescheide nach § 164 AO können sowohl durch die Finanzverwaltung als auch auf **Antrag der Gesellschaft** jederzeit geändert werden.

Werden Steuerbescheide nach § 165 AO erlassen, sind bei einer späteren Änderung (> einen Monat nach Bescheideingang) besondere Korrekturvorschriften notwendig.

Übersicht 2: Korrekturvorschriften für Steuerbescheide

Beispielhafte Korrekturvorschriften für Steuerbescheide

Norm	Inhalt
§173 AO	Änderung aufgrund **neuer Tatsachen**
§174 AO	Änderung aufgrund **widerstreitender** Steuerfestsetzungen (Doppelberücksichtigung eines Sachverhaltes)
§175 AO	Änderung aufgrund eines geänderten **Grundlagenbescheides** Änderung aufgrund eines Ereignisses mit steuerlicher **Rückwirkung**

Die Festsetzungsverjährung ... Irgendwann muss Ruhe sein ...

Um den „Steuerfrieden" zu wahren, ist die Korrektur von Steuerbescheiden nur innerhalb bestimmter Zeiträume möglich. Danach können die Steuern weder herauf- noch herabgesetzt werden. Es handelt sich hierbei um die sogenannte Festsetzungsverjährung. Diese Verjährung im Steuerverfahren beträgt im Regelfall vier Jahre (§ 169 Abs. 2 AO).

Bei einer leichtfertigen Steuerverkürzung beträgt der Verjährungszeitraum fünf Jahre. Eine Steuerverkürzung liegt vor, wenn die Steuern nicht in tatsächlicher Höhe erklärt wurden und diese fehlerhafte Erklärung nicht vorsätzlich erfolgte.

Handelt es sich um eine Steuerhinterziehung, wird der Verjährungszeitraum auf zehn Jahre erweitert.

Die Festsetzungsverjährung beginnt mit Ablauf des Jahres, in dem die Steuererklärungen eingereicht wurden, spätestens jedoch mit Ablauf des dritten Jahr nach dem entsprechenden Steuerjahr (§ 170 AO).

Fall 18: Festsetzungsverjährung

Die „Xantius GmbH" (Fall 15) reicht Ihre Steuererklärungen 03 am 30.11.04 beim Finanzamt ein. Die Steuererklärungen 04 werden aufgrund einer schwerwiegenden Erkrankung des Buchhalters erst am 15.01.09

dem Finanzamt zugeschickt. Wann erfolgt die Festsetzungsverjährung für die Jahre 03 und 04? Es handelt sich um keinen Fall der Steuerverkürzung/Steuerhinterziehung.

Die Steuererklärungen 03 wurden im Jahr 04 eingereicht. Die Festsetzungsfrist beginnt am 01.01.05 und endet am 31.12.08 (vier Jahre). Ab dem Jahr 09 können die Steuerbescheide für das Jahr 03 nicht mehr geändert werden, es sei denn die Festsetzungsverjährung ist gehemmt.

Die Steuererklärungen 04 wurden erst im Jahr 09 eingereicht. Die Festsetzungsfrist beginnt mit Ablauf des dritten Jahres (05, 06, 07) also am 01.01.08 an zu laufen und endet am 31.12.11. Ab dem Jahr 12 dürfen die Bescheide für das Jahr 04 nicht mehr geändert werden, da ab diesem Zeitpunkt die Festsetzungsverjährung eingetreten ist. Eine Besonderheit jedoch stellt die Hemmung der Festsetzungsverjährung dar.

Fall 19: Hemmung der Festsetzungsverjährung

Nicht nur bei der „Xantius GmbH" ist der Krankenstand sehr hoch. Auch der zuständige Sachbearbeiter beim Finanzamt bearbeitete die Steuererklärungen 04 erst im Dezember 11. Mit Bescheid vom 20.12.11 werden Steuern in Höhe von 100.000 € festgesetzt. Nach dem Weihnachtsurlaub findet der GmbH-Geschäftsführer am 02.01.12 den Bescheid vor und legt Einspruch ein. Dieser wird mit Hinweis auf die eingetretene Festsetzungsverjährung abgewiesen. Zu Recht?

Nein, der Eintritt in die Festsetzungsverjährung ist bis zum Ende der Rechtsbehelfsfrist und darüber hinaus gehemmt (aufgeschoben), nämlich solange, bis über den Einspruch unanfechtbar entschieden wurde. (§ 171 Abs. 3a AO).

Hinweis: *Im § 171 AO werden sehr viele dieser Ablaufhemmnisse für die Festsetzungsverjährung behandelt. Es lohnt sich diesen Paragraphen näher zu lesen!*

II. GmbH und Körperschaftsteuer

Lektion 3: Die Einkommensermittlung

Fall 20: Welches Gesetz gilt?

Herr Waldeck ist „frisch gebackener" Geschäftsführer der „GVZ Computerviren GmbH". In Vorbereitung des ersten Jahresabschlusses blättert er ein wenig im Körperschaftsteuergesetz. Wie groß ist sein Erstaunen, als er liest, dass die Regelungen des Einkommensteuergesetzes für seine GmbH gelten sollen (§ 8 Abs. 1 KStG). Können Sie ihm den Zusammenhang erklären?

Die Körperschaftsteuer ist die Hauptsteuer der GmbH. Die Körperschaftsteuer besteuert das Einkommen der Gesellschaft. Es handelt sich demnach um eine Einkommensteuer, die speziell bei Körperschaften anzuwenden ist. Daher ist es naheliegend auf die Regelungen des Einkommensteuergesetzes (als Grundlagengesetz) zu verweisen. Ansonsten müssten die entsprechenden Vorschriften zur Einkommensermittlung im Körperschaftsteuergesetz wiederholt werden.

Die Ermittlung des Einkommens der GmbH bestimmt sich also nach dem Einkommensteuergesetz und dem Körperschaftsteuergesetz.

Der Weg der Einkommensermittlung

Der Weg zur Ermittlung des zu versteuernden Einkommens beginnt beim Handelsbilanzgewinn.

Die Handelsbilanz

Die GmbH ist kraft Ihrer Rechtsform Kaufmann (§ 6 HGB). Das bedeutet, dass grundsätzlich das kaufmännische Handelsrecht zur Anwendung kommt. Das Handelsrecht ist im Handelsgesetzbuch geregelt (HGB).

Kaufleute sind verpflichtet einen Jahresabschluss aufzustellen (§ 242 HGB).

Der Jahresabschluss eines Kaufmanns besteht aus:

1. Der Vermögens- und Schuldenübersicht (die Bilanz) und

2. Der Gegenüberstellung der Aufwendungen (Ausgaben) und Erträge (Einnahmen).
   Das ist die Gewinn- und Verlustrechnung (GuV).

Sind die Erträge höher als die Ausgaben dann wird dieser Gewinn handelsrechtlich Jahresüberschuss genannt. Sind die Aufwendungen höher als die Erträge (Verlust), liegt ein Jahresfehlbetrag vor.

Das deutsche Handelsrecht ist stark dem Gläubigerschutz verpflichtet. Daher enthält der Jahresabschluss einer GmbH noch zusätzlich

3. einen Anhang (§ 264 HGB)

Der Anhang erläutert schriftlich die wesentlichen Positionen (Zahlen) der Bilanz sowie der Gewinn- und Verlustrechnung und gibt Informationen über Geschäftsbeziehungen, die nicht aus dem Jahresabschluss selber ersichtlich sind (lang laufende Verträge, Vertragsbeziehungen zwischen Gesellschafter und Gesellschaft etc.).

Große GmbHs müssen darüber hinaus noch einen Lagebericht einreichen. Der Lagebericht ist der Blick in die Kristallkugel. Im Lagebericht werden unter anderem Prognosen über die zukünftige Entwicklung der Gesellschaft aufgestellt.

Der Jahresabschluss, der nach den Regelungen des Handelsgesetzbuches aufgestellt wurde, ist die Handelsbilanz. Aus der Handelsbilanz wird die Steuerbilanz abgeleitet.

Die Steuerbilanz

Nicht ganz so sehr dem Gläubigerschutzgedanken verpflichtet ist die Finanzverwaltung. Das Interesse geht ganz klar dahin, das Steueraufkommen zu sichern und (noch besser) zu erweitern. Die Handelsbilanz bildet zwar auch die Grundlage für die Steuerbilanz (§ 5 EStG in Verbindung mit § 4 Abs. 1 EStG) Durch eine Fülle von Regelungen (z.B. § 4 bis § 7 EStG) kann es jedoch zu einer großen Differenz zwischen dem handelsrechtlichen Jahresüberschuss und dem steuerrechtlichen Gewinn führen. Durch das eingeführte Bilanzrechtsmodernisierungsgesetz (BilMoG), ist ein „Auseinanderdriften“ der Steuer- von der Handelsbilanz der Normalfall. Die Steuerbilanz bildet die Grundlage zur Ermittlung des zu versteuernden Einkommens.

Gewinn, Einkünfte, Einkommen etc.

In unserem Ratgeber werden die Fachtermini Gewinn, Verlust, Überschuss, Einkünfte und Einkommen, zu versteuerndes Einkommen etc. verwendet. Doch was steckt genau dahinter?

Diese Begriffe kommen allesamt aus dem Einkommensteuerrecht.

Im deutschen Steuerrecht gibt es sieben Einkunftsarten. Diese Einkunftsarten werden unterteilt in Gewinneinkunftsarten und Überschusseinkunftsarten.

Der **Gewinn** wird ermittelt, indem von den Betriebseinnahmen die Betriebsausgaben abgezogen werden. Der **Überschuss** ergibt sich aus der Summe der Einnahmen abzüglich der Summe der Werbungskosten (Ausgaben).

Sind jeweils die Ausgaben höher als die Einnahmen liegen **Verluste** vor.

Gewinneinkunftsarten

- Einkünfte aus Land- und Forstwirtschaft (§ 13 EStG)

- Einkünfte aus Gewerbebetrieb (§ 15 EStG)

- Einkünfte aus selbständiger Tätigkeit (§ 18 EStG)

Überschusseinkunftsarten

- Einkünfte aus nichtselbständiger Tätigkeit (§ 19 EStG)

- Einkünfte aus Kapitalvermögen (§ 20 EStG)

- Einkünfte aus Vermietung und Verpachtung (§ 21 EStG)

- Sonstige Einkünfte (z.B. Renten) (§ 22 EStG)

Die Einkünfte werden zum Einkommen zusammengefasst. Das verbleibende zu versteuernde Einkommen bildet die Bemessungsgrundlage für die zu zahlende Steuer. Dabei sind folgende Regelungen zu beachten:

1. Ein Merkmal bei Kapitalgesellschaften ist, dass ungeachtet welche Einkünfte vorliegen, alle Einkünfte per Fiktion als Einkünfte aus Gewerbebetrieb gelten (§ 8 Abs. 2 KStG). Im Bereich der GmbH liegen also immer Gewinneinkünfte vor.

2. Das Einkommen wiederum wird aus den Einkünften (Einkunftsarten) abgeleitet. Alle Einkünfte werden addiert. Die Summe der ermittelten Einkünfte und zusätzliche Sachverhalte, wie der Spendenabzug und der Verlustabzug, bilden das Einkommen.

3. Außerdem wird geprüft, ob bestimmte Freibeträge vom Einkommen noch abzuziehen sind (siehe Schema zur Ermittlung des Einkommens). Das Endergebnis ist das zu versteuernde Einkommen.

Übersicht 3: Der Weg des Gewinns zum versteuernden Einkommens

Betriebseinnahmen abzüglich Betriebsausgaben	= **Gewinn**
Gewinn + ./. eventueller Korrekturen	= **Einkünfte**
Einkünfte abzüglich Spenden oder (und) Verlustabzug	= **Einkommen**
Einkommen abzüglich eventueller Freibeträge	= **zu versteuerndes Einkommen**

Ist das zu versteuernde Einkommen positiv, wird es mit dem Körperschaftsteuersatz von fünfzehn Prozent multipliziert. Das Ergebnis ist die veranlagte Körperschaftsteuer.

Fall 21: Einkünfte in der Körperschaftsteuer

Die „Ambassador GmbH“ mit Sitz in Krefeld hatte im vergangenen Jahr Einkünfte aus Kapitalvermögen (Zinserträge) in Höhe von 15.000 €, aus der Vermietung eines Mehrfamilienhauses in Höhe von 5.000 € und aus dem kurzfristigen Handel mit Grundstücken von 150.000 €. Um was für Einkünfte handelt es sich?

Die „Ambassador GmbH“ erzielt nur Einkünfte aus Gewerbebetrieb unabhängig von der „Quelle“ (§ 8 Abs. 2 KStG). Die GmbH hat also 170.000 € gewerbliche Einkünfte.

Beschränkte und unbeschränkte Steuerpflicht

Bevor das zu versteuernde Einkommen ermittelt wird, ist zu prüfen, ob eine Besteuerung erfolgt und gegebenenfalls im welchem Umfang.

Wenn die Gesellschaft Ihren Sitz in Deutschland hat, oder zumindest die Geschäftsleitung (-führung) in Deutschland ansässig ist, ist die Gesellschaft unbeschränkt steuerpflichtig (§ 1 Abs. 1 KStG).

Fall 22: Was bedeutet unbeschränkte Steuerpflicht?

Frau Mustafek ist Geschäftsführerin der beschränkt haftenden „Musta Dönerproduktion GmbH“. Die Gesellschaft ist im türkischen Handelsregister eingetragen. Frau Mustafek hat nur die türkische Staatsangehörigkeit, lebt und arbeitet aber in Berlin. Die Firma hat sowohl in der Türkei als auch in Berlin einen Produktionsbetrieb für Dönerfleisch. Sie möchte gerne von Ihnen wissen, was Sie unter der unbeschränkten Steuerpflicht verstehen soll und ob diese für Ihre Firma zutrifft.

Ein Besteuerungsgrundsatz ist die Besteuerung des Welteinkommens der Gesellschaft. Für in Deutschland ansässige Personen bzw. Firmen erfolgt sowohl die Besteuerung des in Deutschland erzielten, als auch des ausländischen Einkommens. Das ist die unbeschränkte (allumfassende) Steuerpflicht.

Da die Geschäftsleitung in Deutschland ansässig ist, ist die „Musta Dönerproduktion GmbH“ in Deutschland unbeschränkt steuerpflichtig. Sowohl das in Deutschland als auch das in der Türkei erzielte Einkommen unterliegt der deutschen Steuerpflicht!

Eine beschränkte Steuerpflicht liegt vor, wenn nur das in Deutschland erzielte Einkommen von Ausländern bzw. ausländischen Gesellschaften besteuert wird.

Fall 23: Beschränkte Steuerpflicht

Der in Moskau lebende und arbeitende Patriarch Vladimir Nabukov kaufte sich im vergangenen Jahr ein voll vermietetes Mehrfamilienhaus in Berlin-Steglitz. Was für eine Steuerpflicht liegt vor?

Es handelt sich um die beschränkte Steuerpflicht. Herr Nabukov muss die Vermietungseinkünfte aus dem Berliner Objekt in Deutschland versteuern. Alle weiteren Einkünfte unterliegen nicht dem deutschen Besteuerungsrecht.

Fall 24: Unbeschränkte Steuerpflicht I

Die „Reiß nieder Trockenbau GmbH" mit Sitz in Münster baute eine Fabrikantenvilla in Reims (Frankreich) aus. Für diesen Auftrag, der die Sommermonate über andauerte, erhielt die Firma eine Vergütung von 25.000 €. In welchem Land erfolgt die Besteuerung?

Das Besteuerungsrecht hat grundsätzlich der deutsche Fiskus, da der Sitz der Gesellschaft im Inland ist. Das in Frankreich erzielte Einkommen ist in Deutschland zu besteuern.

Fall 25: Unbeschränkte Steuerpflicht II

Die „Sandalen GmbH" hat Ihre einzige Betriebsstätte (ihre Fabrik) in Bern (Schweiz). Der deutsche Geschäftsführer Bernd Schuster führt die Geschäfte von seinem Wohnort Freiburg (Breisgau) aus. Dazu hat er sich einen kleinen Büroraum angemietet. Blankes Entsetzen überkommt ihn, als er eines Tages einen Vorauszahlungsbescheid zur deutschen Körperschaftsteuer in seinem Briefkasten findet.

Ist der Bescheid korrekt?

Die Geschäftsführung operiert von Deutschland aus. Die „Sandalen GmbH" unterliegt also der unbeschränkten Steuerpflicht in Deutschland. Der Erlass des Bescheides ist in Ordnung.

Hinweis: *Es gibt natürlich Konstellationen, in dem eine Besteuerung sowohl in Deutschland als auch in dem Land möglich ist, in dem die Einkünfte erzielt werden. Um eine zweifache Besteuerung zu vermeiden, existieren zwischen Deutschland und den meisten Ländern der Welt spezielle Doppelbesteuerungsabkommen. Diese Abkommen sollen die doppelte Besteuerung eines Einkommens vermeiden. Was genau darunter zu verstehen ist und wie diese Abkommen funktionieren, erfahren Sie in der Lektion 9 „Ausländische Einkünfte".*

Leitsatz 6

Was ist die beschränkte und die unbeschränkte Steuerpflicht?

Die Steuerpflicht wird unterschieden in **beschränkter** und **unbeschränkter** Steuerpflicht. Bei der unbeschränkten Steuerpflicht werden die in- und ausländischen Einkünfte in Deutschland besteuert, bei der beschränkten Besteuerung erfolgt in Deutschland **nur** die Besteuerung der **deutschen Einkünfte**. Die beschränkte Steuerpflicht setzt ein, wenn die Gesellschaft in Deutschland Einkünfte erzielt, aber **weder** den **Sitz noch** die **Geschäftsleitung** in Deutschland hat.

Übersicht 4: Prüfschema der Steuerpflicht in Deutschland

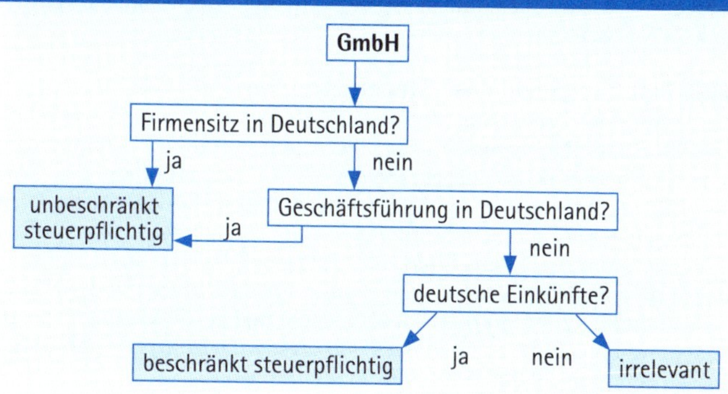

Steuerbefreiungen (§ 5 KStG)

Körperschaften die unbeschränkt steuerpflichtig sind (also den Sitz oder die Geschäftsleitung im Inland haben), können unter bestimmten Voraussetzungen von der Körperschaftsteuer befreit werden. Die Steuerbefreiung wird unterschieden nach persönlicher Steuerbefreiung und nach sachlicher Steuerbefreiung.

Unter persönlicher Steuerbefreiung versteht man die Befreiung bestimmter Unternehmen, die im Körperschaftsteuergesetz abschließend aufgezählt werden.

Unter sachlicher Steuerbefreiung ist die Steuerbefreiung für begünstigte Tätigkeiten gemeint. Zwei Beispiele sollen die Unterschiede verdeutlichen.

Fall 26: „Persönliche" Steuerbefreiung

Die Deutsche Bank, die Deutsche Bundesbank, die Commerzbank und die Investitionsbank des Landes Brandenburg sollen eine Körperschaftsteuererklärung abgeben. Für welche Banken existieren Steuerbefreiungen?

Die deutsche Bundesbank und die Investitionsbank des Landes Brandenburg besitzen eine „persönliche Steuerbefreiung". Beide Banken werden im § 5 KStG benannt.

Fall 27: „Sachliche" Steuerbefreiung

Die Technische Universität Berlin (eine Körperschaft des öffentlichen Rechts) erhält den Senatsauftrag, die durchschnittliche sommerliche Schadstoffbelastung an der „Straße des 17. Juni" zu ermitteln. Für diese Tätigkeit erhält Sie eine Vergütung von 20.000 €. Bei den Messreihen stellte sich heraus, dass ein bestimmter selbst konzipierter Schadstofffilter den größten Dreck raus filtert. Die „Dicke Luft GmbH" aus dem Ruhrpott hörte von diesem Versuch und beauftragte die Universität daraufhin, diesen Filter bis zur Marktreife zu entwickeln und ihr die entsprechenden Forschungsergebnisse zu überlassen. Für diese weiterführende Forschung werden ebenfalls 20.000 € bezahlt.

Wie ist der Sachverhalt zu beurteilen?

Die gezahlte Vergütung des Senats unterliegt der sachlichen Steuerbefreiung. Es handelt sich um die Forschung einer öffentlich-rechtlichen Wissenschaftseinrichtung. Der Forschungsauftrag war frei von privatwirtschaftlichen Interessen.

Die Vergütung des nachfolgenden Auftrages ist jedoch zu besteuern. Der Folgeauftrag zur Entwicklung des Schadstofffilters war rein wirtschaftlich orientiert.

Die Steuerbefreiung

Steuerbefreiungen gelten nur für **unbeschränkt steuerpflichtige** Körperschaften. Die Befreiungen werden unterschieden in sachliche und persönliche Steuerbefreiungen. Regelt die persönliche Steuerbefreiung die Befreiung bestimmter Unternehmen, ist die sachliche Steuerbefreiung für bestimmte Tätigkeiten anzuwenden. Der Regelfall ist jedoch die Besteuerung der Einkünfte.

Eine Steuerbefreiung ist die große Ausnahme.

Beginn und Ende der Steuerpflicht

Fall 28: Der Beginn der Steuerpflicht

Die Gesellschafter Anton und Edward Huber gehen Anfang September zum Notar, um die „Traumwelten GmbH“ mit Sitz in München zu gründen. Im Oktober gelingt es ihnen, ein Drehbuch an die Bajuwarischen Filmstudios zu verkaufen. Weitere Geschäftsvorfälle ereigneten sich nicht. Die Eintragung im Handelsregister erfolgte im März des Folgejahres. Einige Monate nach der Eintragung erhält die GmbH die Aufforderung, eine Körperschaftsteuererklärung für das Gründungsjahr einzureichen. Die Brüder verstehen das nicht, entstand die GmbH Ihrer Meinung nach doch erst mit Eintragung im Handelsregister. Ratlos kommen Sie zu Ihnen, weil Sie bereits in grauer Schulzeit ein As in Wirtschaftsfragen waren.

Was sagen Sie den Jungunternehmern?

Die Gründung einer GmbH wird in drei Phasen eingeteilt:

1. die Vorgründungsgesellschaft

2. die Gründungsgesellschaft (Vorgesellschaft) und

3. die eigentliche Gesellschaft (GmbH)

zu 1. Die Vorgründungsgesellschaft
Die Vorgründungsgesellschaft existiert vom Entschluss eine GmbH zu gründen bis zum Gründungsakt beim Notar. Bereits in diesem Zeitraum erzielte Einkünfte sind bei den zukünftigen Gesellschaftern in der persönlichen Steuererklärung zu versteuern.

zu 2. Die Vorgesellschaft
Die Vorgesellschaft besteht vom notariellen Gründungsakt bis zur erfolgreichen Eintragung im Handelsregister. Kommt es zur Eintragung, werden die in dem Zeitraum erzielten Einkünfte der GmbH zugerechnet. Die Einkünfte unterliegen der Körperschaftsteuer. Vorgesellschaften erkennt man an den Kürzel GmbH i.G. (GmbH in Gründung).

zu 3. Die Gesellschaft mit beschränkter Haftung
Die Gesellschaft mit beschränkter Haftung (GmbH) entsteht mit Eintragung im Handelsregister und ist ab diesem Zeitpunkt bis zu einer eventuellen Löschung aus dem Handelsregister voll rechtsfähig und steuerpflichtig.

Fall 29: Verunglückte Eintragung

Die Brüder Huber (Fall 28), erzählten, dass es fast nicht zu einer Eintragung gekommen wäre, weil die Satzung fehlerhaft war und mehrfach geändert werden musste. Interessehalber fragen Sie nach, wem die Einkünfte dann zuzurechnen gewesen wären.

Bei einer „verunglückten" Gründung (es erfolgt keine Eintragung im Handelsregister), werden die Einkünfte der Vorgesellschaft bei den Gesellschaftern angesetzt und besteuert. Die Besteuerung erfolgt somit ebenso wie bei der Vorgründungsgesellschaft.

Steuertipp: *Neben der Gründung beim Notar benötigt die GmbH auch stets einen Gewerbeschein vom Gewerbeamt. Dieser Gewerbeschein sollte, um Bußgelder zu vermeiden, zeitnah mit Gründung beantragt werden.*

Übersicht 5: Die Phasen der GmbH Gründung

Sachverhalt	**Zeitraum**	**Besteuerung**
Vorgründungsgesellschaft	von **Gründungsentschluss** bis Notartermin	Besteuerung bei den Gesellschaftern **persönlich**
Vorgesellschaft (GmbH i.G.)	von **Notartermin** bis zur Handelsregistereintragung	a) Eintragung erfolgt: Besteuerung **als GmbH** b) Eintragung abgelehnt: Besteuerung bei den Gesellschaftern persönlich
GmbH	von der **Eintragung** bis zur Löschung	Besteuerung **als GmbH** (Körperschaftsteuer)

Die Steuerpflicht einer GmbH endet nach Ablauf der Liquidation/Verteilung des Vermögens (Lektion 21), bzw. nach Abschluss/Ablehnung eines Insolvenzverfahrens. Die Firma wird aus dem Handelsregister gelöscht. Sie hört auf zu existieren.

Nun finden Sie in der großen Übersicht 6 das Schema zur Ermittlung des zu versteuernden Einkommens für die Körperschaftsteuer.

Übersicht 6: Die Einkommensermittlung in der Körperschaftsteuer

Vereinfachtes Schema zur Einkommensermittlung in der Körperschaftsteuer

	Gewinn bzw. Verlust laut Steuerbilanz
+	Hinzurechnung verdeckter Gewinnausschüttungen **(Lektion 4)**
–	Kürzung um verdeckte Einlagen **(Lektion 5)**
+	Hinzurechnung nicht abziehbarer Betriebsausgaben **(Lektion 6)**
+	Hinzurechnung der Spenden **(Lektion 7)**
+ –	spezielle Hinzurechnungen und Kürzungen (§ 8b KStG / § 3c EStG in **Lektion 6** enthalten)
–	sonstige steuerfreie Einnahmen (z.B. Investitionszulage s.u.)
+ –	Korrekturen bei Organschaftsverhältnissen **(Lektion 8)**
+ –	Hinzurechnung und Kürzungen bei ausländischen Einkünften **(Lektion 9)**
	Steuerlicher Gewinn = Einkommen = Summe der Einkünfte
–	Abzug der Spenden **(Lektion 7)**
+ –	der Gewinnabführung bei Organschaftsverhältnissen **(Lektion 8)**
Gesamtbetrag der Einkünfte	
./.	Verlustabzug **(Lektion 10)**
Einkommen	
./. Freibeträge (s.u.)	
zu versteuerndes Einkommen	

Steuerfreie Einnahmen: Steuerfreie Einnahmen sind im Regelfall Subventionen die bestimmten Branchen oder für spezielle Investitionen gewährt werden. Die bekannteste Subvention ist die Investitionszulage. Dabei wird der Gesellschaft ein Zuschuss in prozentualer Höhe der Anschaffungskosten für festgelegte Investitionen bezahlt.

Freibeträge für bestimmte Körperschaften (§ 24, § 25 KStG): Die Freibeträge der §§ 24 und 25 des Körperschaftsteuergesetzes sind für GmbHs irrelevant. Sie gelten nur für bestimmte Vereine (Urform der juristischen Person) und Erwerbs- und Wirtschaftsgenossenschaften, wenn diese Land- und Forstwirtschaft betreiben.

Der Steuersatz

Die Körperschaftsteuer ist eine Jahressteuer mit einem derzeitigen linearen (gleich bleibenden) Steuersatz von 15%. Bemessungsgrundlage für die Besteuerung ist das zu versteuernde Einkommen (§ 23 KStG). Das zu versteuernde Einkommen gilt auch gleichzeitig als Bemessungsgrundlage für zukünftige Vorauszahlungen.

Fall 30: Steuersatz

Das zu versteuernde Einkommen der „Pferdekoppel GmbH" beträgt 100.000 €. Wie hoch ist die festzusetzende Körperschaftsteuer und wie hoch ist der festzusetzende Solidaritätszuschlag? Wie hoch werden die künftigen Vorauszahlungen sein?

Die Körperschaftsteuer beträgt 15% vom zu versteuernden Einkommen (§ 23 KStG), in dem Fall also 15.000 €.

Der Solidaritätszuschlag ist eine Zuschlagsteuer. Die Höhe des Solidaritätszuschlages richtet sich nach der Höhe der Körperschaftsteuer.

5,5% × 15.000 € Körperschaftsteuer = 825 € Solidaritätszuschlag

Das zu versteuernde Einkommen wird als Berechnungsgrundlage für künftige Vorauszahlungen herangezogen. Die Vorauszahlungen erfolgen quartalsweise zum 10.03./10.06./10.09./10.12. eines Jahres.

Die künftigen Steuervorauszahlungen betragen also 15.825 €:
Vier Zahlungen = 3.750 € Körperschaftsteuer
und
206,25 € Solidaritätszuschlag (3.750 € Körperschaftsteuer × 5,5%) pro Quartal.

Steuertipp: *Sie müssen die festgesetzten Vorauszahlungen nicht als „gottgegeben" hinnehmen. Es handelt sich immer um eine Prognose. Sie können jederzeit begründete Anträge auf Anpassung der Vorauszahlungen stellen und die Vorauszahlungen entsprechend reduzieren.*

Wirtschaftsjahr und Kalenderjahr

Das zu versteuernde Einkommen wird für ein Kalenderjahr ermittelt. Bei GmbHs besteht generell die Möglichkeit, als Gewinnermittlungszeitraum statt des Kalenderjahres ein vom Kalenderjahr abweichendes Wirtschaftsjahr zu wählen. Diese Wahl kann jedoch nur im Einvernehmen mit dem Finanzamt erfolgen (§ 7 KStG).

Der Gewinn der Gesellschaft wird dann in dem Kalenderjahr angesetzt, in dem das Wirtschaftsjahr endet. Zwei kleine Fälle sollen das eben Gesschriebene verdeutlichen.

Fall 31: Abweichendes Wirtschaftsjahr

Die „Landkultur GmbH" mit den Gesellschaftern Alois Zachhuber und Sepp Batzy, betreibt Ackerbau und Viehzucht in Deggendorf (Bayern). Die GmbH hat im Einvernehmen mit dem Finanzamt ein für landwirtschaftliche Betriebe übliches Wirtschaftsjahr vom 01.07. bis zum 30.06. des Folgejahres gewählt. Die Gesellschaft beginnt am 01.03.01 ihre Geschäftstätigkeit.

Im Kalenderjahr 01 erzielte sie einen Gewinn (gleich zu versteuerndes Einkommen) von 80.000 €.

Vom diesem Gewinn entfielen

	15.000 €	auf dem Zeitraum vom 01.03.01 bis zum 30.06.01
und	65.000 €	auf dem Zeitraum vom 01.07.01 bis zum 31.12.01.
Summe	80.000 €	

Wie hoch ist der im Kalenderjahr 01 anzusetzende Gewinn?

Die „Landkultur GmbH" hat ein vom Kalenderjahr abweichendes Wirtschaftsjahr gewählt. Die Wahl erfolgte in Abstimmung mit dem Finanzamt. Im Jahr 01 hatte die Gesellschaft darüber hinaus ein Rumpfwirtschaftsjahr.

Ein Rumpfwirtschaftsjahr entsteht, wenn ein Unternehmen nicht genau am ersten Tag des regulären Wirtschaftsjahres (hier also am 01.07.01) mit der Geschäftstätigkeit beginnt. Die Besteuerung erfolgt somit für einen Zeitraum von weniger als zwölf Monate.

Die Gesellschaft muss einen Gewinn von 15.000 € im Kalenderjahr 01 versteuern (für den Zeitraum vom 01.03.01. - 30.06.01).

Fall 32: Zwei Wirtschaftsjahre in einem Kalenderjahr

Die Gesellschafter der „Landkultur GmbH" zerstritten sich im Jahr 02 derart, dass es unzumutbar wurde, weiterhin Ackerbau und Viehzucht gemeinsam zu betreiben. Herr Zachhuber wollte fortan in die Waffenproduktion einsteigen, Herr Batzy kaufte eine Fabrik zur Produktion von Dirndl-Kleidern. Sie beschlossen im September 02 die Liquidation (Auflösung) der Gesellschaft.

Für die Zeit vom 01.01.02 bis 30.06.02 erzielte sie einen Gewinn (zu versteuerndes Einkommen) von 25.000 €. Trotz der Querelen gelang ihnen das Kunststück, für den Zeitraum vom 01.07.02 bis zum 30.09.02, ebenfalls einen Gewinn in Höhe von 20.000 € zu erzielen. Wie hoch ist das im Jahr 02 zu versteuernde Einkommen? Wie hoch ist die darauf zu zahlende Körperschaftsteuer?

Die Landkultur GmbH hat ein Wirtschaftsjahr vom 01.07. bis zum 30.06. des Folgejahres.

Das bedeutet, dass zu dem Gewinn vom 01.01. bis zum 30.06.02 (25.000 €) auch der Gewinn vom 01.07.01 bis zum 31.12.01 (65.000 € - Fall 31) hinzugerechnet wird.

Es besteht die Besonderheit, dass in dem Kalenderjahr 02 nicht nur das reguläre Wirtschaftsjahr endet (01.07. - 30.06.), sondern sich ein erneutes Rumpfwirtschaftsjahr vom 01.07.02 bis zum 30.09.02 anschließt.

Dadurch ist im Kalenderjahr 02 folgendes Einkommen zu versteuern.

1) 01.07.01-31.12.01	65.000 €	(Fall 31)
2) 01.01.02-30.06.02	25.000 €	(Anteil Wirtschaftsjahr)
3) 01.07.02-30.09.02	20.000 €	(Rumpfwirtschaftsjahr)
zu versteuerndes Einkommen	110.000 €	

Die „Landkultur GmbH" muss für das Jahr 02 Körperschaftsteuer in Höhe von 16.500 € bezahlen (110.000 € z.v.E. × 15% Steuersatz).

Leitsatz 8

Der Besteuerungszeitraum der Körperschaftsteuer

Die Körperschaftsteuer ist eine **Jahressteuer**. Besteuert wird das Kalenderjahr. Weicht das **Wirtschaftsjahr** vom Kalenderjahr ab, so gilt der Gewinn als in dem Kalenderjahr bezogen, in dem das Wirtschaftsjahr endet. Beginnt die Gesellschaft erst im Laufe des Wirtschaftsjahres ihre Geschäftstätigkeit, so liegt ein (verkürztes) **Rumpfwirtschaftsjahr** vor.

Lektion 4: Offene und verdeckte Gewinnausschüttung

Unter einer Gewinnausschüttung versteht man eine Form der Gewinnverwendung, nämlich die Verteilung des Gewinns an die Anteilseigner (Gesellschafter). Offene Gewinnausschüttungen werden auch als Dividendenzahlungen bezeichnet.

Wie Sie am Schema zur Einkommensermittlung sehen können, ist die verdeckte Gewinnausschüttung die erste Korrekturvorschrift auf dem Weg vom Gewinn zum zu versteuernden Einkommen.

Verdeckte Gewinnausschüttungen sind bei Betriebsprüfungen ein beliebtes Streitgespräch. Dabei geht es immer um die Frage: Handelt es sich um eine verdeckte Gewinnausschüttung (auch vGA genannt), oder sind es abziehbare Betriebsausgaben?

Bei verdeckten Gewinnausschüttungen werden, vereinfacht gesagt, durch den Betriebsprüfer des Finanzamtes Betriebsausgaben umqualifiziert in Gewinnausschüttungen. Gewinnausschüttungen dürfen jedoch den Gewinn nicht mindern (§ 8 Abs. 3 KStG), so dass diese Umqualifizierung meist eine unliebsame Steuernachzahlung nach sich zieht.

Die Hauptfragen sind also ...

Was sind die Kennzeichen einer verdeckten Gewinnausschüttung?

Welche Auswirkungen hat die verdeckte Gewinnausschüttung?

Bevor auf die Kriterien der verdeckten Gewinnausschüttung eingegangen wird, sollten Sie zuvor den Begriff der Gewinnausschüttung und der Gewinnverwendung näher kennenlernen.

Fall 33: Gewinnverwendung

Die Gesellschafter der „Nobody is perfect GmbH“ mit Sitz in Bremerhaven, fassen auf der Gesellschafterversammlung folgende Beschlüsse:

Der Gewinn in Höhe von 100.000 € wird festgestellt. Dem Geschäftsführer wird die Entlastung erteilt.

- 30 % des Gewinns werden ausgeschüttet
- 50 % des Gewinns werden in die Gewinnrücklage eingestellt.
- Das Stammkapital wird um 20.000 € erhöht.

Ist diese Gewinnverwendung möglich?

Ja, der Gewinn kann beliebig aufgeteilt werden. Es ist nicht notwendig, sich für eine Gewinnverwendung zu entscheiden. Doch worin unterscheiden sich die dargestellten Gewinnverwendungen?

Folgende Szenarien der Gewinnverwendung sind möglich:

1. Der Gewinn wird in eine Gewinnrücklage eingestellt.
2. Der Gewinn wird an die Anteilseigner ausgeschüttet.
3. Mit dem Gewinn wird eine Kapitalerhöhung durchgeführt.
4. Der Gewinn wird ohne weitere Beschlussfassung auf dem Gewinnvortragskonto ins nächste Jahr übertragen.

zu 1. Die Einstellung in die Gewinnrücklage bedeutet, dass die Gesellschafter den erzielten Überschuss längerfristig dem Unternehmen zur Verfügung stellen möchten. Dazu erfolgt die buchhalterische Erfassung des Gewinns auf einer Art „Festgeldkonto“. Erst mit einem erneuten Gesellschafterbeschluss kann dieses „Festgeldkonto“ aufgelöst werden, wenn dem nicht Satzungszwänge (aufgestellte Regeln der Gesellschaft) oder gesetzliche Hindernisse im Wege stehen.
Bei der Unternehmergesellschaft (haftungsbeschränkt) (die „1-Euro-GmbH“) besteht die Verpflichtung 25 % des erzielten Jahresüberschusses, nach Berücksichtigung eines eventuellen Verlustvortrages, in die Gewinnrücklage einzustellen. Diese Verpflichtung besteht praktisch solange, bis das Mindeststammkapital einer GmbH in Höhe von 25.000 €, in Summe aus Gewinnrücklage und Gründungs-Stammkapital der Gesellschaft, erreicht ist (weiteres zur Unternehmergesellschaft siehe nächsten Zwischenstopp).

Im Gegensatz zu den Aktiengesellschaften und den Unternehmergesellschaften (haftungsbeschränkt), besteht bei der GmbH keine Verpflichtung eine Gewinnrücklage zu bilden.

zu 2. Eine Gewinnausschüttung ist die Auszahlung des Gewinns an die Gesellschafter (Anteilseigner) der GmbH. Die Auszahlung wird auch als Dividendenzahlung bezeichnet. Beschlussorgan für die Gewinnausschüttung (Zeitpunkt und Höhe) ist die Gesellschafterversammlung. Auf der Gesellschafterversammlung wird der Jahresabschluss festgestellt, der Geschäftsführung die Entlastung erteilt und die Gewinnverwendung beschlossen. Die Gewinnausschüttung erfolgt nicht in voller Höhe. Vorab ist ein Steuerabzug vorzunehmen und als Kapitalertragsteuer an das Finanzamt abzuführen. (Lektion 18). Diese Abführung erfolgt treuhänderisch für die Gesellschafter. Der verbleibende Betrag wird an die Gesellschafter ausgezahlt.

zu 3. Eine Kapitalerhöhung ist der Beschluss das bereits bestehende Stammkapital zu erhöhen. In der Regel wird eine GmbH mit dem Mindeststammkapital von 25.000 € gegründet. Aufgrund der Geschäftsentwicklung und der -beziehungen kann es (z.B. für die Außenwirkung) notwendig werden, das Stammkapital (eingetragenes Haftkapital), auf z.B. 50.000 € zu erhöhen. Die Kapitalerhöhung wird im Handelsregister veröffentlicht. Stammkapital kann in beliebiger Höhe gebildet werden.

Hinweis: *Das Stammkapital kann natürlich im laufenden Geschäftsbetrieb verwendet werden. Es muss nicht auf einem separaten Konto fest angelegt sein. Letztendlich erfolgt die Haftung der Gesellschaft mit dem gesamten* betrieblichen *Vermögen.*

zu 4. Die Buchung auf dem Gewinnvortragskonto erfolgt, wenn die Gesellschafter noch keinen endgültigen Beschluss über die Gewinnverwendung fassen. Im Gegensatz zu der besprochenen Gewinnrücklage, ist das Gewinnvortragskonto wie eine Art „Tagesgeldkonto" anzusehen.

Zwischenstopp:
Die Unternehmergesellschaft (haftungsbeschränkt)

Die Unternehmergesellschaft ist zivilrechtlich eine ganz normale **G**esellschaft **m**it **b**eschränkter **H**aftung (GmbH). Die Eigenheit der Unternehmergesellschaft ist es, dass die Haftungsbeschränkung theoretisch bereits mit einem Stammkapital von 1 € erfolgen kann. Aus diesem Grunde erfordert der laufende Betrieb der Gesellschaft zwei Einschränkungen.

Die erste Einschränkung liegt in der Firmierung (der Namensgebung). Die Gesellschaft ist verpflichtet auf die geringere Haftung durch den Zusatz „... Unternehmergesellschaft (UG haftungsbeschränkt)" hinzuweisen. Die zweite Einschränkung liegt in der Verpflichtung 25% des festgestellten Gewinns in die Gewinnrücklage einzustellen. Dabei ist allerdings kein zeitlicher Rahmen festgelegt, bis wann das „normale" Stammkapital der GmbH (25.000 €) erreicht sein muss. Nach Erreichen des Mindeststammkapitals einer GmbH, kann die Unternehmergesellschaft sich umfirmieren (umbenennen) und als GmbH im Rechtsverkehr auftreten. Die gesetzliche Verpflichtung zur weiteren Bildung der Gewinnrücklage entfällt nach Erreichen des Mindeststammkapitals. Ansonsten gelten alle in diesem Buch dargestellten Grundsätze und Besonderheiten der Besteuerung der GmbH ebenso für die Unternehmergesellschaft (haftungsbeschränkt).

Leitsatz 9

!

Die offene Gewinnausschüttung

Die (offene) Gewinnausschüttung ist eine Form der **Gewinnverwendung**. Die Ausschüttung wird auch als **Dividendenzahlung** bezeichnet. Für eine ordnungsgemäße Ausschüttung ist ein **Beschluss der Gesellschafterversammlung** notwendig. Die Ausschüttung erfolgt immer netto, das bedeutet nach dem **zwingenden** Einbehalt der Kapitalertragsteuer.

Fallgruppen der verdeckten Gewinnausschüttung

Fall 34: Verdeckte Gewinnausschüttung

Frau Diana Wotschke, Alleingesellschafterin und Geschäftsführerin der „Make-a-Body GmbH", einem Fitnessstudio in Berlin-Marzahn, kommt zu Ihnen um zwei Sachverhalte durchzusprechen:

1. Sie erhielt von der GmbH ein Darlehen in Höhe von 100.000 € für die Anschaffung einer kleinen Ferienwohnung im Harz. Das Darlehen verzinste Sie entsprechend des gängigen Sparbuchzinssatzes mit 0,5 % p.a.

2. Für die Tilgung des Darlehens ist eine Laufzeit von fünf Jahren vorgesehen. Die Tilgung erfolgt durch einen Nettoabzug beim Geschäftsführergehalt. Damit Sie weiterhin ihre gewohnte Nettoauszahlung erhält, erhöhte Sie das Gehalt entsprechend. Das Gehalt ist auch nach der Erhöhung marktüblich. Jedoch liegt über die Gehaltserhöhung keine schriftliche Vereinbarung vor.

Sie möchte jetzt von Ihnen wissen, ob sie noch etwas beachten sollte.

Es existieren zwei Fallgruppen verdeckter Gewinnausschüttungen.

1. Es liegt eine Schädigung der GmbH, zugunsten der Gesellschafter bzw. den Gesellschaftern nahestehenden Personen vor. Diese Vorteilsgewährung hätte ein Fremder Dritter (nicht beteiligter Geschäftsführer) nicht gewährt. Diese Fallgruppe kann generell auftreten.

2. Es liegen keine im voraus getroffenen, klar vereinbarten und rechtswirksam geschlossene Verträge zwischen der GmbH und Ihrem **beherrschenden** Gesellschafter vor, bzw. diese Vereinbarungen werden nicht tatsächlich durchgeführt. Der Verstoß gegen zivilrechtliche Formerfordernisse kann also zur Annahme einer steuerrechtlichen verdeckten Gewinnausschüttung führen. Grundvoraussetzung für die Annahme einer verdeckten Gewinnausschüttung ist hierbei, dass ein beherrschender Gesellschafter existiert!

Bei einer verdeckten Gewinnausschüttung ist es unerheblich, ob den Geschäftsführer bzw. den Gesellschaftern bewusst ist, dass eine verdeckte Gewinnausschüttung vorliegt.

„Unwissenheit schützt vor Strafe nicht."

zu 1. Mit der Gewährung des Darlehens schädigte Sie die Gesellschaft. Einem fremden Dritten hätte Frau Wotschke sicherlich einen für Hypothekendarlehen marktüblichen Zinssatz von z.B. 6 % berechnet. Es handelt sich also um eine verdeckte Gewinnausschüttung der Fallgruppe 1.

zu 2. Das Gehalt ist zwar branchenüblich und nicht überhöht, jedoch mangelt es hier an einer im voraus geschlossenen vertraglichen Vereinbarung. Frau Wotschke ist als Alleingesellschafterin beherrschend. Daher ist die Gehaltserhöhung als verdeckte Gewinnausschüttung der Fallgruppe 2 zu bewerten.

Leitsatz 10

!

Die Merkmale der verdeckten Gewinnausschüttung

1. Merkmal Es findet ein Vermögensabfluss bzw. verhinderter **Vermögenszufluss** bei der GmbH statt

2. Merkmal Der Vermögensschaden bei der GmbH erfolgt **zu Gunsten** eines **Gesellschafters** oder einer ihm **nahestehende Person**

3. Merkmal Die Ursache für den Vermögensschaden ist im **Gesellschaftsverhältnis** begründet. Das bedeutet ursächlich muss die Bereicherungsabsicht des Gesellschafters oder einer ihm nahestehenden Person sein

4. Merkmal Der Vermögensschaden muss sich auf den **Gewinn** der Gesellschaft **auswirken**

5. Merkmal Der zugrunde liegende Vorgang beruht **nicht** auf einen regulären **Gewinnausschüttungsbeschluss** (der Gesellschafterversammlung)

Diese fünf Merkmale werden nun auf den folgenden Seiten einzeln umfassend dargestellt.

Es erfolgt ein Vermögensabfluss bzw. eine verhinderte Vermögensmehrung

Eine Besonderheit und ein nicht zu unterschätzender Vorteil juristischer Personen (also gerade auch bei GmbHs) ist es, dass der Vertreter der Gesellschaft (GmbH-Geschäftsführer) Verträge mit sich selbst abschließen kann. Er ist auf der einen Seite Vertragspartner als Privatperson und auf der anderen Seite vertritt er die GmbH. Der Geschäftsführer kann z.B. sich selbst anstellen, oder einen Darlehensvertrag als Darlehensgeber und -nehmer unterschreiben. Das hängt damit zusammen, dass die GmbH als eigenständiges Rechtssubjekt behandelt wird. Diese Verträge sind unter Berücksichtigung einzuhaltender Formalien zivilrechtlich wirksam.

Hinweis: *Verträge mit sich selbst kann der Geschäftsführer jedoch nur abschließen, wenn das Selbstkontrahierungsverbot gemäß § 181 BGB (Bürgerliches Gesetzbuch) im Gesellschaftsvertrag ausgeschlossen wurde. Diese Aufhebung des Selbstkontrahierungsverbotes wird im Handelsregister veröffentlicht.*

Wenn bei solchen Vertragsverhältnissen die Leistungen der Vertragsparteien sich nicht im angemessenen Verhältnis gegenüberstehen und bei der Gesellschaft ein Vermögensschaden eintritt, handelt es sich um eine verdeckte Gewinnausschüttung. Was als angemessen gilt und was nicht, wird durch den sogenannten Fremdvergleich bestimmt.

Fremdvergleich bedeutet: Würde ein fremder (also nicht an der Firma beteiligter) Geschäftsführer diesen Vertrag auch unter den gegebenen Umständen abschließen?

Fall 35: Vermögensabfluss

Jochen Unverzagt ist Geschäftsführer und alleiniger Gesellschafter der „Trau Dich GmbH“ in Heidelberg. Die Firma veranstaltet Seminare zur Persönlichkeitsbildung. In seiner Freizeit malt Herr Unverzagt leidenschaftlich gern. Ein Ölgemälde „Röhrender Hirsch im Abendlicht“ verkaufte er mit ordnungsgemäßen Kaufvertrag an „seine“ GmbH für 15.000 €. Das Bild ist für den Empfangsbereich bestimmt. Laut Gutachten hat das Bild jedoch nur einen (Material-)Wert von 150 €.

Wie ist der Sachverhalt zu bewerten?

Es liegt eine verdeckte Gewinnausschüttung vor. Der Verkauf hält einem Fremdvergleich nicht stand. Jedem anderen „Maler“ hätte die GmbH nur den tatsächlichen Wert des Bildes in Höhe von 150 € bezahlt. Die Zahlung von 15.000 € ist durch das Gesellschaftsverhältnis von Herrn Unverzagt begründet.

Die verdeckte Gewinnausschüttung beträgt

15.000 € ./. 150 € = 14.850 €.

In Höhe von 14.850 € erleidet die GmbH einen Vermögensabfluss.

Fall 36: Verhinderte Vermögensmehrung

Die „Trau Dich GmbH" besitzt ein Mehrfamilienhaus in Heidelberg. Nachdem sich Herr Unverzagt nach einem heftigen Streit mit seiner Ehefrau privat umorientieren musste, mietete er dort eine Drei-Raum-Wohnung für eine monatlichen Nettomiete von 450 € von der GmbH an. Der angemessene Mietzins laut Mietspiegel beträgt für diese Wohnungsgröße und -ausstattung 800 €/Monat. Wie ist der Sachverhalt zu beurteilen?

Auch hier ist eine verdeckte Gewinnausschüttung gegeben. Die GmbH ist zwar nicht auf dem ersten Blick durch zu hohe Ausgaben geschädigt. Sie erhält aber weniger Mieteinnahmen, als sie von einem fremden Dritten fordern würde. Es handelt sich also um eine verhinderte Vermögensmehrung. Die verdeckte Gewinnausschüttung beträgt

pro Monat 350 € (800 € angemessene Miete ./. 450 € gezahlte Miete)

Die Vorteilsgewährung erfolgt zugunsten eines Gesellschafters, oder einer ihm nahestehenden Person

In den bisherigen Fällen war der Gesellschafter immer der direkte Nutznießer der verdeckten Gewinnausschüttung. Es treten aber auch Konstellationen auf, in der nicht der Gesellschafter, sondern andere Personen begünstigt sind. Für diese Zwecke hat der Gesetzgeber den Begriff der nahestehenden Person eingeführt. Es kommt also nicht darauf an, ob der Gesellschafter selbst einen Vermögensvorteil hat.

Steuerrechtlich wird die verdeckte Gewinnausschüttung jedoch immer dem Gesellschafter zugerechnet, dem die Person nahe steht. Eine Ausnahme von dem Grundsatz besteht, wenn die begünstigte Person ebenfalls GmbH-Gesellschafter ist. Dann erfolgt natürlich bei ihr die Zurechnung.

Fall 37: Vorteilsgewährung an nahestehende Person

Herr Unverzagt möchte einen neuen Versuch mit seiner Noch-Ehefrau starten und bucht für sie das Beziehungsseminar „Alleine bedeutet einsam". Die Kosten in Höhe von 1.800 € übernimmt die GmbH.

Wie ist der Sachverhalt zu beurteilen?

Es liegt eine verdeckte Gewinnausschüttung vor. Die Ursachen für die Seminarkosten sind nicht betrieblicher sondern privater Natur des Gesellschafters Herrn Unverzagt.

Auch wenn Herr Unverzagt nicht direkt Nutznießer des Seminars ist, wird ihm die verdeckte Gewinnausschüttung zugerechnet. Seine Ehefrau, Frau Unverzagt-Dornbusch, gilt als eine ihm nahestehende Person.

Fall 38: Andere nahestehende Personen I

Das Seminar führte nicht zu dem gewünschtem Erfolg. Frau Unverzagt-Dornbusch reicht die Scheidung ein. Frau Blonda, die Sekretärin von Herrn Unverzagt, tut was sie kann, damit er leichter über den schmerzlichen Verlust hinwegkommt und die Geschicke der Firma leiten kann.

Aus einem Gefühl von tiefer Dankbarkeit, erhöht Herr Unverzagt ihr Gehalt auf 5.000 € je Monat (angemessen wären 2.200 €/Monat).

Auch hier liegt eine verdeckte Gewinnausschüttung vor.

Frau Blonda gilt ebenfalls als nahestehende Person. Es reicht jede Beziehung eines Gesellschafters zu einer anderen Person aus, die den Schluss zulässt, diese Beziehung habe die Vorteilszuwendung beeinflusst.

Die verdeckte Gewinnausschüttung von monatlich 2.800 € (5.000 € Gehalt ./. 2.200 € angemessenes Gehalt) wird gleichfalls Herrn Unverzagt steuerlich zugerechnet und der Gewinn der Gesellschaft wird entsprechend erhöht.

Fall 39: Andere nahestehende Personen II

Herr Unverzagt ist ebenfalls Alleingesellschafter der „Medienschelte GmbH", eine Firma die das Fernsehverhalten der sogenannten deutschen Durchschnittsfamilie analysiert. Er verkauft an diese Firma einen drei Jahre alten Porsche Carrera, den er bisher als Geschäftsführer der „Trau

Dich GmbH" fuhr. Ein ordnungsgemäßer Kaufvertrag über 5.000 € liegt vor. Ein Gebrauchtwagenhändler hatte ihm zuvor 65.000 € für das Fahrzeug angeboten.

Befinden wir uns im Bereich der verdeckten Gewinnausschüttung?

Ja, auch dieser Fall ist eine verdeckte Gewinnausschüttung an eine nahestehende Person. Per Fiktion gelten nicht nur natürliche Personen als nahestehend. Auch Firmen können unter diese Regelung fallen. Er wendet seiner Firma „Medienschelte GmbH" einen Vermögensvorteil in Höhe von 60.000 € zu. In gleicher Höhe ist bei seiner Firma „Trau Dich GmbH" eine verhinderte Vermögensmehrung eingetreten. Die Zuwendung des Vermögensvorteil ist eine verdeckte Einlage bei der „Medienschelte GmbH" (siehe nächste Lektion), die verhinderte Vermögensmehrung bei der „Trau Dich GmbH" ist eine verdeckte Gewinnausschüttung. Der Gewinn der „Trau Dich GmbH" erhöht sich um 60.000 €.

Leitsatz 11

Nahestehende Person

Nahestehende Personen können sowohl **natürliche** als **auch juristische Personen** sein. Das Nahestehen kann aufgrund schuldrechtlicher, familienrechtlicher (z.B. Verwandtschaft), gesellschaftsrechtlicher (z.B. Schwestergesellschaft) oder auch rein tatsächlicher Art (z.B. Geliebte) erfolgen.

Die Ursache der Ausschüttung ist im Gesellschaftsverhältnis begründet

Die GmbH tritt im Geschäftsverkehr mit Ihrem Geschäftsführer auf. Der Geschäftsführer ist oft auch Gesellschafter der GmbH. Aus diesem Grunde erfolgt der Fremdvergleich auch dahingehend, ob ein ordentlicher und gewissenhafter Fremdgeschäftsführer unter den gleichen Bedingungen ebenfalls wie ein Gesellschafter-Geschäftsführer gehandelt hätte.

Unter Fremdgeschäftsführer versteht man den Geschäftsführer, der nicht gleichzeitig Gesellschafter der GmbH ist, sondern „nur" im Angestelltenverhältnis beschäftigt ist.

Fall 40: Fremdvergleich I

Die „Übermut GmbH“ aus Krainach wird durch zwei Geschäftsführer vertreten. Herr Winkel ist gleichzeitig Alleingesellschafter der GmbH. Herr Moser ist ohne Gesellschafterstellung beschäftigt.

Gemäß arbeitsvertraglicher Regelungen erhalten beide die nicht genommenen Urlaubstage des Vorjahres ausbezahlt. Handelt es sich um eine verdeckte Gewinnausschüttung bei Herrn Winkel?

Nein, es handelt sich nicht um eine verdeckte Gewinnausschüttung. Es existiert eine klare vertragliche Vereinbarung. Bei beiden Geschäftsführern wird gleich verfahren, unabhängig vom Gesellschafterstand. Die Auszahlung des Gehaltes für nicht genommene Urlaubstage ist anzuerkennen. Es handelt sich um betrieblichen Aufwand.

Fall 41: Fremdvergleich II

Gemäß Anstellungsvertrag sind die von Herrn Moser geleisteten Überstunden mit dem Gehalt abgegolten. Ganz so ausbeuterisch wollte Herr Winkel sein Arbeitsleben nicht gestalten, so dass seine geleisteten Überstunden ab der zehnten Überstunde im Monat gesondert vergütet werden. Herr Moser hatte im vergangenen Jahr insgesamt zehn Überstunden. Herr Winkel leistete im Monatsdurchschnitt 25 Überstunden.

Wie ist der Sachverhalt zu beurteilen?

Es liegt eine verdeckte Gewinnausschüttung vor.

Grundsätzlich sind Überstundenvergütungen bei Gesellschaftern-Geschäftsführern verdeckte Gewinnausschüttungen, da im Regelfall die Gehaltshöhe anfallende Überstunden abdeckt.

Eine zusätzliche, besondere Problematik ergibt sich bei beherrschenden Gesellschafter-Geschäftsführern. Bei beherrschenden Gesellschafter-Geschäftsführern wird eine verdeckte Gewinnausschüttung bereits gerne angenommen wenn

- keine schriftliche Vereinbarung vorliegt,
- generell wenn gegen das Rückwirkungsverbot verstoßen wird,

- bzw. wenn die Vereinbarungen nicht vertragsgemäß umgesetzt werden.

Beherrschende Gesellschafter-Geschäftsführer müssen also immer auch zivilrechtliche Erfordernisse beachten, um verdeckte Gewinnausschüttungen zu vermeiden.

Leitsatz 12

Beherrschender Gesellschafter

Ein beherrschender Gesellschafter ist

1. Ein Gesellschafter dem **mindestens 50 %** der GmbH Anteile gehören, oder
2. Ihm gehören zwar weniger als 50 % der Anteile, aber aufgrund von satzungsmäßigen Regelungen hat dieser ein **starkes Veto**- und **Mitbestimmungsrecht** hat, so dass faktisch ohne dessen Zustimmung keine relevanten Beschlüsse gefasst werden können, oder
3. Er hält zusammen mit anderen Personen, mit dem ihn **gleichgerichtete Interessen** verbinden mindestens 50 % der Anteile.

Fall 42: Rückwirkungsverbot

Die Firma „Medienwachs GmbH" (alleinige Gesellschafterin Frau Jana Freudenberg) verkaufte im letzten Jahr drei produzierte Krimiserien an diverse Privatsender. Voller Entsetzen bemerkt Frau Freudenberg im November, dass der vorläufige Gewinn der GmbH 250.000 € beträgt. Sie beruft eine Gesellschafterversammlung Ende November ein und beschließt, dass sie rückwirkend ab Januar eine Gehaltserhöhung von 15.000 €/Monat erhält. Das Gehalt von fortan 20.000 €/Monat ist als branchenüblich zu bewerten und nicht überhöht. Ein entsprechender schriftlicher Beschluss, sowie die Ergänzung zum Arbeitsvertrag liegen vor.

Handelt es sich um eine verdeckte Gewinnausschüttung?

Es liegt eine verdeckte Gewinnausschüttung vor. Es wurde gegen das Rückwirkungsverbot bei beherrschenden Gesellschaftern-Geschäftsführern verstoßen.

Das Rückwirkungsverbot besagt, dass Verträge nie mit Wirkung für die Vergangenheit abgeschlossen werden dürfen.

In Höhe von 165.000 € (Januar bis November des Jahres Gehaltserhöhung à 15.000 €) liegt eine vGA vor. Die Gehaltserhöhung ab Dezember ist eine abziehbare Betriebsausgabe, da das Gehalt angemessen ist und die schriftlichen Erfordernisse erfüllt wurden.

Fall 43: Abwandlung Rückwirkungsverbot

Wie oben, jedoch werden die Geschicke der Firma durch den Geschäftsführer Herrn Baumbestand vertreten. Dieser ist nicht an der „Medienwachs GmbH“ beteiligt.

Herr Baumbestand ist Fremdgeschäftsführer. Hier gilt das oben beschriebene Rückwirkungsverbot nicht. Bei der Gehaltserhöhung handelt es sich um eine ab Januar des Jahres abziehbare Betriebsausgabe.

Der Vorgang wirkt sich auf den Gewinn der Gesellschaft aus

Eine verdeckte Gewinnausschüttung kann nur vorliegen, wenn der Gewinn tatsächlich gemindert, bzw. nicht in der realen Höhe erzielt wurde. Mit Aufdeckung der verdeckten Gewinnausschüttung erfolgt gleichzeitig eine Korrektur des steuerlichen Gewinns.

Fall 44: Fehlende Gewinnauswirkung

Der Gesellschaftszweck der „Hallori GmbH“ ist das Aufstellen und Betreiben von Geldspielautomaten. Der Gesellschafter-Geschäftsführer Herr Panko (beteiligt mit 15 %) wurde aufgrund seiner Tätigkeit spielsüchtig. Zur Finanzierung seiner Spielsucht nimmt er im laufenden Jahr Darlehen bei der GmbH in Höhe von 100.000 € auf. Es liegen schriftliche Darlehensverträge vor. Der Zinssatz entspricht den marktüblichen Konditionen. Sicherheiten wurden ausdrücklich nicht vereinbart. Dabei wurde berücksichtigt, dass Herr Panko gar nicht in der Lage gewesen wäre, Sicherheiten zu leisten. Die Zins- und Tilgungsbeiträge leistet Herr Panko im laufenden Jahr fristgemäß. Liegt eine verdeckte Gewinnausschüttung vor?

In dem Fall handelt es sich nicht um eine verdeckte Gewinnausschüttung. Der unübliche Darlehensabschluss ohne Sicherheiten wirkte sich nicht auf den Gewinn der Gesellschaft aus. Die vereinbarten Raten wurden geleistet.

Fall 45: Eintretende Gewinnauswirkung

Im Folgejahr erfährt Herr Panko von einem entfernten Bekannten, wie er mit System jedes Roulettespiel gewinnen kann. Kurzerhand verbringt er seine Freizeit mit der Verbesserung des Systemspiels. Aufgrund der nun ständigen Abwesenheit, beschließen die Mitgesellschafter Herrn Panko von seinen Geschäftsführerpflichten zu entlasten. Die Zahlung der Darlehensraten wird durch ihn eingestellt. Zum Jahresende stellt er einen Antrag auf Feststellung der privaten Insolvenz (Zahlungsunfähigkeit). Das Darlehen valutiert zum 31. Dezember mit 95.000 €. Im Rahmen der Jahresabschlusserstellung wird die Darlehensforderung mit 0 € bewertet. Es erfolgt eine entsprechende aufwandswirksame Berichtigung der Forderung.

Wie ist der Sachverhalt zu beurteilen?

Die im Vorjahr erfolgte, unübliche Darlehensausreichung (ohne Gestellung von Sicherheiten) wirkt sich im laufenden Jahr durch die Forderungskorrektur gewinnmindernd aus. Die Darlehensgewährung ohne Sicherheiten war durch das Gesellschaftsverhältnis verursacht. In Höhe von 95.000 € (Berichtigung der Forderung) liegt eine verdeckte Gewinnausschüttung vor.

Die Korrektur einer verdeckten Gewinnausschüttung erfolgt also erst in dem Jahr, in dem sie sich auf den Gewinn ausgewirkt hat.

Alternative

Wie wäre der Sachverhalt zu beurteilen, wenn Herr Panko statt mit 15 mit 26 % beteiligt gewesen wäre?

In dem Fall müsste steuerrechtlich eine Korrektur der Forderungsabschreibung erfolgen. Darlehensverluste durch beteiligte Gesellschafter, die mit mehr als 25 % beteiligt sind, dürfen den Gewinn nicht mindern. Der Aufwand ist also zu korrigieren. Die Folge ist, dass es sich *nicht mehr* um eine verdeckte Gewinnausschüttung handelt, da keine Gewinnauswirkung eingetreten ist!

Die Ausschüttung beruht nicht auf einem Gewinnausschüttungsbeschluss.

Dieses letzte Merkmal grenzt noch einmal die verdeckten Gewinnausschüttungen von den offenen Gewinnausschüttungen negativ ab. Die offenen Gewinnausschüttungen benötigen für Ihre Wirksamkeit einen entsprechenden Gesellschafterbeschluss.

Die verdeckte Gewinnausschüttung besitzt die Eigenart erst Jahre später im Rahmen von Betriebsprüfungen (durch das Finanzamt) thematisiert zu werden. Neben der unliebsamen Steuernachzahlung fallen dadurch auch nicht zu unterschätzende Zinszahlungen an:

Zwischenstopp: Zinszahlungen

Zinszahlungen: Steuernachforderungen, aber auch Steuerguthaben werden verzinst. Die Verzinsung ist gesetzlich bestimmt. Der Grund liegt in der Prämisse der Gleichmäßigkeit der Besteuerung. Steuerpflichtige die Ihre Erklärungen verspätet abgeben, sollen nicht auch noch dadurch bevorteilt sein, dass Sie Ihr Geld (für die Nachzahlung) länger verzinslich anlegen können. Der Zinssatz beträgt 0,5 % je vollen Monat, also 6 % im Jahr. Die Verzinsung beginnt 15 Monate nach Ablauf des jeweiligen Geschäftsjahres.

Beispiel: Für die „M-GmbH" wurde aufgrund einer durchgeführten Betriebsprüfung mit Wirkung zum 02.01.09 eine Körperschaftsteuernachzahlung 02 in Höhe von 25.000 € festgesetzt. Wie hoch sind die zu zahlenden Zinsen?

Lösung: Der Zinslauf beginnt am 01.04.04 (15 Monate nach dem 31.12.02) und endet am 31.12.08. Insgesamt erstreckt sich der Zinslauf über 57 Monate (4 Jahre und 9 Monate).
57 Mon. × 0,5 % × 25.000 € = 7.125 € an Zinsen sind zu zahlen!

Fall 46: Rückgewähr einer verdeckten Gewinnausschüttung

Bei der „Medienwachs GmbH" (Fall 42) fand einige Jahre später eine Betriebsprüfung statt. Der Betriebsprüfer klassifizierte die rückwirkende Gehaltserhöhung (165.000 €) als verdeckte Gewinnausschüttung. Zur

Schlussbesprechung erklärte Frau Freudenberg daraufhin, dass Sie (aber nur unter Protest) die Gehaltserhöhung zurückzahlen werde. Der Betriebsprüfer möge die Gehaltserhöhung für die strittigen elf Monate nicht gewinnerhöhend ansetzen.

Wie wird der Prüfer reagieren?

Die steuerlichen Folgen der verdeckten Gewinnausschüttung können nicht dadurch rückgängig gemacht werden, dass die vGA durch den Gesellschafter an die Gesellschaft zurückgezahlt wird. Wird die verdeckte Gewinnausschüttung dennoch zurückgezahlt, liegt eine Einlage vor (siehe nachfolgende Lektion).

Der Betriebsprüfer wird das Ansinnen von Frau Freudenberg daher ablehnen.

Fall 47: Unfreiwillige Rückzahlung der vGA

Daraufhin erklärte Frau Freudenberg, dass Sie durch eine vGA-Klausel in der Satzung der Gesellschaft gezwungen ist, das Gehalt zurückzuzahlen. Diese Klausel besagt, dass verdeckte Gewinnausschüttungen nicht gewollt und daher immer zurückzuzahlen sind. Ändert sich dadurch die Situation?

Nein, auch solche Klauseln können die gewünschten Folgen der Rückabwicklung nicht eintreten lassen. Diese Klauseln werden durch die Finanzverwaltung nicht anerkannt.

Fall 48: Verzicht auf die unfreiwillige Rückzahlung

Als Frau Freudenberg diese Neuigkeit vernahm, erläuterte Sie, dass sie die verdeckte Gewinnausschüttung nicht zurückzahlen werde. Es hätte ja eh keinen Sinn. Darf Sie das tun?

Süffisant lächelnd erklärt ihr der Betriebsprüfer daraufhin, dass der Verzicht der Gesellschaft auf die Rückzahlung verdeckter Gewinnausschüttungen, trotz satzungsrechtlicher Verpflichtung, erneut zu einer verdeckten Gewinnausschüttung in Höhe des Vorteils (165.000 €) führen würde. Frau Freudenberg ist also von dieser Überlegung abzuraten.

Steuertipp: *Aufgrund dieser Problematik sollten Sie auf Regelungen zur Rückzahlung einer verdeckten Gewinnausschüttung in der Gesellschaftssatzung eher verzichten.*

Steuerliche Behandlung von Gewinnausschüttungen

Auswirkungen auf Gesellschaftsebene – GmbH

Mit Aufdeckung der verdeckten Gewinnausschüttung erfolgt eine Korrektur des zu versteuernden Einkommens. Neben der Nachzahlung der Unternehmenssteuern (Körperschaftsteuer zuzüglich Solidaritätszuschlag und der Gewerbesteuer) werden in der Regel Nachzahlungszinsen festgesetzt. Dadurch, dass verdeckte Gewinnausschüttungen größtenteils im Rahmen von Betriebsprüfungen – Jahre später – thematisiert werden, können diese Zinszahlungen ein enormes Potential entfalten (siehe Zwischenstopp „Zinszahlungen").

Gesellschafterebene – natürliche Person Anteile im Privatvermögen

Es erfolgt nicht nur die Besteuerung der Gesellschaft. Nein, auch bei den Gesellschaftern findet eine Nachversteuerung statt. Der Vermögensabfluss der Gesellschaft bedeutet auf der Seite des Gesellschafters einen Vermögenszufluss. Verdeckte Gewinnausschüttungen werden per Definition den Einkünften aus Kapitalvermögen in der Einkommensteuererklärung zugeordnet. Welche Auswirkungen die verdeckte Gewinnausschüttung auf der Ebene des Gesellschafters haben kann, soll folgendes Beispiel verdeutlichen.

Fall 49: Einkommensteuerliche Auswirkungen der vGA

Bei der „Nosferatu Schädlingsbekämpfung GmbH" fand eine Betriebsprüfung für die Jahre 01 – 04 statt.

Dabei kam es zu folgenden Prüfungsfeststellungen

1. Der beherrschende Geschäftsführer Herr B. Stoker zahlte sich im Jahr 01 nachträglich eine Gehaltserhöhung von insgesamt 100.000 €. Es liegt ein Verstoß gegen das Rückwirkungsverbot vor. Der Gewinn der Firma wird um 100.000 € erhöht.

2. Die GmbH reichte Herrn Stoker ein Darlehen, nachweislich für die Anschaffung eines vermieteten Mehrfamilienhauses, aus. Das Darlehen wurde nicht marktüblich verzinst. Der Gewinn wurde um die Zinsdifferenz in Höhe von jeweils 12.000 € (01 – 04) erhöht.

Entsprechende Kontrollmitteilungen gehen an das Finanzamt von Herrn Stoker.

Was treten für steuerliche Konsequenzen auf?

1. In der Einkommensteuererklärung von Herrn Stoker erfolgt eine Umqualifizierung der Einkünfte. Bisher wurden die 100.000 € als Geschäftsführergehalt bei den Einkünften aus nichtselbständiger Tätigkeit berücksichtigt. Nunmehr wird dieser Betrag bei den Einkünften aus Kapitalvermögen besteuert. Einkünfte aus Kapitalvermögen unterliegen im Regelfall der Abgeltungssteuer von 25%.

   Nehmen wir an, Herr Stoker liegt aufgrund seines Einkommens bei einem Steuersatz von 42%. Dadurch ergibt sich plötzlich folgende steuerliche Entlastung auf Gesellschafterebene (ohne Berücksichtigung des Solidaritätszuschlages und der Kirchensteuer):

Einkünfte	Betrag	Einkommensteuer
Nichtselbständig	./. 100.000 €	./. 42.000 €
Kapitalvermögen	100.000 €	25.000 €
Steuerliche Entlastung für Herrn Stoker		17.000 €

2. Der Zinsvorteil, aus der nicht marktüblichen Darlehensverzinsung, wird als verdeckte Gewinnausschüttung ebenfalls bei Herrn Stoker besteuert. Die Besteuerung erfolgt erneut mit dem Abgeltungssteuersatz von 25% für Kapitalvermögen.

   Gleichzeitig jedoch werden diese Zinsen in der Einkommensteuererklärung bei den Einkünften aus Vermietung und Verpachtung als Werbungskosten (Ausgaben) angesetzt. Durch die Nachversteuerung werden die steuerlichen Sachverhalte „gerade gerückt“ Herr Stoker wird so behandelt, als habe er die Zinsen für das vermietete Einfamilienhaus in marktüblicher Höhe bezahlt.

   Dadurch ergeben sich folgende Korrekturen auf der Ebene von Herrn

Stoker (bei einem angenommenen Steuersatz von 42 %)

Jahre 01 bis 04 je

Einkünfte	Betrag	Einkommensteuer
Kapitalvermögen	12.000 €	3.000 €
Vermietung & Verpachtung	./. 12.000 €	./. 5.040 €
Steuerliche Entlastung für Herrn Stoker pro Jahr		2.040 €

Gesellschafterebene – natürliche Person Anteile im Betriebsvermögen

Werden die Anteile im betrieblichen Bereich gehalten, kommt das Teileinkünfteverfahren zum Zuge.

Dabei werden 60 % des Ertrages der Besteuerung unterworfen, 40 % werden steuerfrei gestellt. Im Gegenzug werden auch nur 60 % der Ausgaben, die mit der Beteiligung im Zusammenhang stehen, berücksichtigt

Gesellschafterebene – Kapitalgesellschaft

Völlig anders stellen sich die Steuerfolgen dar, wenn der begünstigte Gesellschafter selbst eine Kapitalgesellschaft ist. Verdeckte Gewinnausschüttungen werden genauso wie offene Gewinnausschüttungen steuerfrei gestellt (§ 8b KStG). In Höhe von 5 % der Ausschüttungen werden fiktiv nicht abziehbare Betriebsausgaben angenommen (siehe Lektion 6).

Hinweis: *Befinden sich die Anteile im Privatvermögen und hält der Gesellschafter mindestens 25 % der Anteile an der Kapitalgesellschaft, hat er ein Wahlrecht und kann ebenfalls das Teileinkünfteverfahren anwenden. Besitzt der Gesellschafter mindestens 1 % der Anteile und ist gleichzeitig für die GmbH tätig (z.B. als GmbH-Geschäftsführer), besteht das Wahlrecht ebenfalls. Vorteile bringt das Teileinkünfteverfahren, wenn zum Beispiel zur Finanzierung der Beteiligung Darlehen aufgenommen wurden. Die dafür gezahlten Zinsen können zumindest anteilig Einkünfte mindernd berücksichtigt werden.*

Übersicht 7: Die Fallgruppen der verdeckten Gewinnausschüttung

Komplex	Fallgruppe 1	Fallgruppe 2
Voraus-setzung	Geschäftsfall hält **Fremdvergleich** mit Fremdgeschäftsführer nicht stand. Die **fünf Merkmale** der verdeckten Gewinnausschüttung liegen vor.	Dem Geschäftsfall mangelt es an **zivilrechtlichen** Formerfordernissen und **beherrschender** Gesellschafter (oder ihm nahe stehende Person) ist begünstigt
Besonder-heit:		Verdeckte Gewinnausschüttung wird auch bei positiven Fremdvergleich angenommen
steuerliche Konse-quenzen	Geschäftsfall wird annulliert oder bis zur angemessenen Vergütung reduziert (Fallgruppe 1). Das **Einkommen** der Gesellschaft wird **erhöht**. Es erfolgt auch eine **Nachbesteuerung** beim begünstigten Gesellschafter	

Die erwünschte verdeckte Gewinnausschüttung

Die steuerlichen Auswirkungen einer verdeckten Gewinnausschüttung werden stets zum einen auf der Gesellschaftsebene als auch auf der Gesellschafterebene betrachtet. Die steuerliche Belastung steigt dadurch auf über 50 % an.

GmbH-Ebene	ca. 30 %
Gesellschafterebene (natürliche Personen) in der Regel	ca. 25 %

Dennoch können verdeckte Gewinnausschüttungen sogar erwünscht sein.

Stellen Sie sich vor, die Gesellschaft verfügt über Verlustvorträge, die mit laufenden Gewinnen verrechnet werden können (Lektion 10). In dem Fall würde die steuerliche Belastung auf der Gesellschaftsebene entfallen. Der Gesellschafter besteuert diese zusätzlichen Einkünfte nur mit einem Steuersatz von 25 %.

Fall 50: Erwünschte verdeckte Gewinnausschüttung

Gemäß des Falls 49 ergibt die rückwirkende Gehaltserhöhung von 100.000 € bei Herrn Stoker eine steuerliche Entlastung von 17.000 €. Jedoch verfügt die Gesellschaft noch über einen Verlustvortrag von 500.000 €.

Gewinnerhöhung durch verdeckte Gewinnausschüttung	100.000 €
./. Verlustvortrag	./. 100.000 €
zu versteuern	0 €

Die verbleibenden 400.000 € Verlustvortrag werden ins Folgejahr „übertragen".

Durch diese verdeckte Gewinnausschüttung ergibt sich also ein Liquiditätsvorteil von 17.000 €. (entspricht der Steuererstattung für Herrn Stoker).

Disquotale Gewinnausschüttungen

Gewinnausschüttungen an die Gesellschafter dürfen nur quotal erfolgen. Das bedeutet, dass die Gesellschafter nur entsprechend Ihrer prozentualen Anteilshöhe den Gewinn erhalten dürfen. Eine disquotale (vom Anteilsbesitz abweichende) Ausschüttung ist nach Meinung der Finanzverwaltung nur zulässig, wenn gewichtige Gründe dafür sprechen. Vielleicht haben Sie aber gar keine Lust, über das Ausschüttungsverhalten der Gesellschaft zu diskutieren?

Fall 51: Disquotale Gewinnverteilung

Die Brüder Herr Lapsus und Herr Beinhart sind zu jeweils 50 % an der „Glanz und Glorie GmbH" beteiligt. Sie sind sich einig, dass für das laufende Geschäftsjahr Herr Beinhart 90 % des Gewinns erhalten soll, weil Herr Lapsus aufgrund anderer hoher Einkünfte bereits steuerlich sehr belastet ist.

Der Gewinn beträgt 100.000 €.

Eine disquotale Gewinnausschüttung würde durch die Finanzverwaltung nicht anerkannt werden, da keine schwerwiegenden wirtschaftlichen Gründe dafür sprächen ...

Die Lösung: Herr Lapsus erhält für die bereits abgelaufenen Monate ein zusätzliches Gehalt in Höhe von 80.000 € ohne entsprechende schriftliche Vereinbarung. Diese Gehaltszahlung stellt ganz klar eine verdeckte Gewinnausschüttung dar und wird auch in der eingereichten Steuererklärung als vGA erklärt. Der Gewinn wird jedoch im ersten Schritt um 80.000 € für die Gehaltsaufwendungen gemindert, so dass nur noch 20.000 € für die Ausschüttung zur Verfügung stehen.

Und das Ergebnis?

Herr Lapsus erhält 50 % von 20.000 € als Ausschüttung (entspricht 10 % des ursprünglichen Gewinns)		10.000 €
	➡ 10 %	
Herr Beinhart erhält das Gehalt (vGA) 80 %		80.000 €
Herr Beinhart erhält 50 % von 20.000 € als Ausschüttung als Ausschüttung 10 % (insgesamt 90 % des ursprünglichen Gewinns)		10.000 €
	➡ 90 %	

Bisher wurden bei den verdeckten Gewinnausschüttungen die zusätzliche steuerliche Belastung mit Unternehmenssteuern (bei der Gesellschaft) bzw. mit der Einkommensteuer (bei den Gesellschaftern als natürliche Personen) betrachtet. Faktisch durch die Hintertür droht jedoch noch eine weitere Steuer, die bei den verdeckten Gewinnausschüttungen auftreten kann, die Schenkungssteuer. Gerade in den letzten Jahren wird bei der Frage der verdeckten Gewinnausschüttung auch die Schenkungssteuer durch die Betriebsprüfer mit bewertet. Dabei wird eine Schenkung entweder von einem Gesellschafter an einen Mitgesellschafter, oder die Schenkung durch die GmbH an einen Gesellschafter unterstellt. Die Regelungen der Schenkungssteuer finden sich im Erbschaftsteuer-/Schenkungssteuergesetz wieder.

Dabei ist folgendes zu beachten:

Wird ein Vertragsverhältnis zwischen beherrschenden Gesellschafter und der Gesellschaft rein formal als verdeckte Gewinnausschüttung klassifiziert, handelt es sich nicht um einen schenkungssteuerbaren Vorgang.

Besteht eine Rückzahlungsverpflichtung in der Satzung und die Rückzahlung erfolgt tatsächlich, fehlt es an einer Bereicherung. Der Vorgang unterliegt nicht der Schenkungssteuer.

Und zum Schluss:

Eine Schenkung liegt nur bei einer Bereicherung über die Beteiligungsquote hinaus vor.

Ein paar Fälle sollen helfen, das Schenkungssteuerdickicht zu durchdringen.

Fall 52: (Sachverhalt von Fall 51 Herr Lapsus und Herr Beinhart)

Haben die Gesellschafter zu befürchten, dass in Höhe der überhöhten Gehaltszahlung eine Schenkung angenommen wird?

Nein, die überhöhte Gehaltszahlung wird nur aus rein formalen Gründen als vGA klassifiziert (fehlende vertragliche Vereinbarung).

Fall 53: GmbH-Gründung mit Sacheinlage

Frau Martina Bergk will sich zur Ruhe setzen und gründet zusammen mit ihrem Sohn eine GmbH. Während ihr Sohn nur die Einlageverpflichtung in bar erfüllt (12.500 €), erbringt Frau Bergk eine Sacheinlage in Form ihres gut florierenden Softwarehauses (gemeiner Wert 1,5 Mio. €, davon Bankguthaben 500.000 €). Diese Einlage wird ebenfalls nur mit 12.500 € bewertet. Der darüber hinaus liegende Wert soll als Einlage klassifiziert werden (siehe nachfolgende Lektion).

Handelt es sich um eine Schenkung von Mutter an den Sohn?

Nein, die Einlage als solche stellt noch keine Schenkung dar. Der Sohn ist noch nicht bereichert, solange das Vermögen in der Gesellschaft verbleibt.

Fall 54: Außerplanmäßige Ausschüttung

Beide beschließen einen Monat später das Bankguthaben (500.000 €) aufzulösen und auszuschütten. Handelt es sich um eine Schenkung?

In dem Fall erfolgt ein Vermögensabfluss. Der Sohn wird bereichert. Es handelt sich um eine Schenkung. Diese wird direkt von der Mutter an den Sohn klassifiziert.

Fall 55: Verdeckte Gewinnausschüttung und Schenkung

Bei der „Zahngesundheit GmbH“ fand eine Betriebsprüfung statt. Dabei hat der Betriebsprüfer eine verdeckte Gewinnausschüttung in Höhe von 150.000 € gegenüber der Minderheitsgesellschafterin Backe (Beteiligungsquote 10 %) gefunden und entsprechend korrigiert. Liegt eine Schenkung vor und wenn ja in welcher Höhe?

Es handelt sich um eine Schenkung in Höhe von 135.000 €. In Höhe der Beteiligungsquote von 10 % (10 % von 150.000 €) liegt keine schenkungssteuerrelevante Bereicherung der Gesellschafterin Backe vor.

Fall 56: Rückzahlung der vGA

Gemäß Satzung existiert eine Rückzahlungsverpflichtung für verdeckte Gewinnausschüttungen, die Frau Backe auch anstandslos vornimmt. Wie ist der Sachverhalt jetzt zu beurteilen?

Es fehlt an einer tatsächlichen Bereicherung. Die verdeckte Gewinnausschüttung wurde zumindest für den Bereich der Schenkungssteuer rückabgewickelt. Es liegt keine Schenkung vor.

Leitsatz 13

Verdeckte Gewinnausschüttungen und Schenkungssteuer

Verdeckte Gewinnausschüttungen können zusätzlich auch der Schenkungssteuer unterliegen. Wird eine verdeckte Gewinnausschüttung als Schenkung klassifiziert, liegt nur für den Teil, der über die Beteiligungsquote hinausgeht, eine Schenkung vor. Wird die verdeckte Gewinnausschüttung zurückgezahlt, so wird zumindest für den Bereich der Schenkungssteuer die vGA rückabgewickelt.

Lektion 5: Verdeckte Einlagen

In der vergangenen Lektion konnten Sie sich intensiv mit dem Thema verdeckte Gewinnausschüttungen auseinandersetzen.

Dieser Abschnitt beschäftigt sich mit dem nicht minder interessanten Schwerpunkt „verdeckte Einlagen".

Verdeckte Einlagen können, wie der Name schon sagt, in der Buchhaltung leicht übersehen werden. Dabei können Einlagen, wie Sie in der Lektion lernen werden, ein vortreffliches steuerliches Gestaltungsinstrument sein.

Die fünf Merkmale der verdeckten Einlage

Damit Sie ein erstes Gefühl für verdeckte Einlagen bekommen, stellen Sie sich bitte folgendes Szenario vor:

Fall 57: Gewährung eines Vermögenvorteils

Der Betriebsprüfer vom Finanzamt, Herr Knauserig, erscheint bei Ihnen zur Betriebsprüfung. Unter dem Arm hält er das Anlageverzeichnis Ihrer Firma und möchte mit Ihnen die einzelnen Positionen durchgehen, um zu sehen, ob alle Anlagegüter im Betrieb stehen und noch benutzt werden. Wie groß ist jedoch sein Erstaunen, als er einen kleinen Minibagger bemerkt (Teilwert ca. 3.000 €), der nicht im Anlageverzeichnis (Wirtschaftsgüter ab 150 €) auftaucht. Sie erklären ihm, dass dieser Minibagger vor zwei Jahren privat fehlgekauft in Ihrem Schuppen stand und seit etwa einem halben Jahr ausschließlich durch Ihre GmbH genutzt wird. Vor einigen Wochen haben Sie dann, den Bagger für 1 € an die GmbH verkauft, damit Sie einen Beleg für die Buchhaltung haben ...

Der Betriebsprüfer hat soeben eine verdeckte Einlage aufgedeckt.

1. Merkmal

Bei einer verdeckten Einlage wird dem Betrieb ein Vermögensvorteil gewährt. Diese Gewährung ist, wie bei der verdeckten Gewinnausschüttung durch die Gesellschafterstellung begründet (jedem anderen hätten Sie den Bagger für 3.000 € verkauft).

Der Bagger wird nachträglich mit dem tatsächlichen Wert von 3.000 € in das Anlageverzeichnis der Firma aufgenommen. Da der Bagger tatsächlich nur für 1 € angeschafft wurde, werden 2.999 € als Ertrag gebucht, so dass in der Summe wieder 3.000 € (1 € Kaufpreis + 2.999 € Ertrag) erscheinen.

Im ersten Schritt hat sich also der Bilanzgewinn um 2.999 € erhöht.

Das ist nicht wirklich erstrebenswert!

Jedoch dürfen diese „ Gesellschaftervorgänge" – wie bei der verdeckten Gewinnausschüttung – keine Auswirkungen auf den „realen" Gewinn haben.

Salopp gesagt: Sie reichen die Bilanz mit einer Anlage beim Finanzamt ein.

Auf der Anlage steht: Gewinn laut Bilanz ./. Ertrag aus der Anschaffung Minibagger 2.999 € = „realer" Gewinn. Dieser Gewinn wird dann besteuert.

2. Merkmal

Der gewährte Vermögensvorteil (hier 2.999 €) wird im Jahresabschluss als Ertrag dargestellt. Für die Steuererklärung wird dieser Ertrag wieder „entfernt".

Doch was passiert mit dem Ertrag? Geht er verloren?

Nein, der Ertrag erhöht die Anschaffungskosten an Ihrer GmbH-Beteiligung. Sie haben ja faktisch auf einen Geldbetrag in Höhe der Differenz zwischen tatsächlichen Wert des Baggers und Übernahmewert durch die Firma (3.000 tatsächlicher Wert ./. 1 € (Anschaffung lt. Beleg) = 2.999 €) verzichtet.

Hinweis: *Die verdeckten Einlagen müssen Sie nicht tatsächlich als Papieranlage aufschreiben. Im Rahmen der Körperschaftsteuererklärung existieren Formulare in denen Einlagen aufgeführt und jahresübergreifend mitgeschrieben werden. Sollten verdeckte Einlagen aufgetreten sein, werden diese durch den Betriebsprüfer zu offenen Einlagen umqualifiziert.*

3. Merkmal

(Verdeckte) Einlagen erhöhen die Anschaffungskosten an der Beteiligung.

Fall 58: Unentgeltliche Nutzungsüberlassung

Der Betriebsprüfer Herr Knauserig entdeckt den Minibagger. Wieder erläutern Sie den Fehlkauf, beschreiben die Zeit im staubigen Schuppen und erklären dann, dass dieser Bagger seit etwa einem halben Jahr durch die Firma genutzt wird. Herr Knauserig fragt nach einem Mietvertrag. Sie erklären ihm, dass die GmbH den Bagger unentgeltlich nutzt. Für Herrn Knauserig ist das Thema erledigt.

Und für Sie?

Angespornt durch Ihr erworbenes Wissen erklären Sie Herrn Knauserig, dass Sie ja aufgrund der Gesellschafterstellung nur auf eine adäquate Miete verzichtet haben; jedem anderen hätten Sie eine angemessene monatliche Miete von 200 € berechnet und bitten um Berücksichtigung der Mietminderung als verdeckte Einlage.

In dem Fall handelt es sich um keine verdeckte Einlage. Der sogenannte Nutzungsvorteil (unentgeltliche oder verbilligte Nutzung) ist als solcher nicht bilanzierungsfähig und kann daher nicht Gegenstand einer verdeckten Einlage sein.

4. Merkmal

Reine Nutzungsvorteile (zinsloses Darlehen, unentgeltliche Überlassung, unentgeltliche Geschäftsführertätigkeit) können keine verdeckten Einlagen begründen.

Fall 59: Verzicht auf eine Nutzungsvergütung I

Wieder erklären Sie dem Prüfer die Nutzung durch die GmbH, weisen jedoch diesmal einen ordnungsgemäßen Mietvertrag vor. Herr Knauserig fragt natürlich, wie die Miete bezahlt wurde, und Sie gestehen, dass der vereinbarte Obolus mangels Liquidität nie bezahlt wurde und Sie sogar in der letzten Woche auf die Zahlung der offenen Miete wirksam (schriftlich) verzichtet haben.

Der Verzicht auf bereits entstandene Forderungen ist Gegenstand einer verdeckten Einlage. Gegenüber „Fremden“ hätten Sie nicht einfach auf die Ihnen zustehende Miete verzichtet.

Es liegt eine verdeckte Einlage in Höhe von 1.200 € (6 Monate × 200 €) vor.

Fall 60: Verzicht auf eine Nutzungsvergütung II

Angetrieben von dieser positiven Auswirkung erklären Sie auch auf zukünftige Mietzahlungen zu verzichten und bitten um Erfassung der verdeckten Einlagen.

Noch nicht entstandene Forderungen können keine verdeckten Einlagen werden. Mit der Erklärung auf zukünftigen Mietverzicht erfolgt die unentgeltliche Überlassung die gemäß Fall 58 keine verdeckte Einlage sein kann.

5. Merkmal

Der Verzicht auf bereits entstandene Forderungen gegenüber „seiner“ GmbH führt zu einer verdeckten Einlage. Der Verzicht auf zukünftige Forderungen ist nicht einlagefähig!

Leitsatz 14

Die verdeckten Einlagen

Verdeckte Einlagen sind

1. **„bilanzierungsfähige" Vermögensvorteile**, die der GmbH, aufgrund der Gesellschafterstellung zugeführt werden.

Verdeckte Einlagen sind nicht

2. Reine Nutzungsvorteile und zukünftig entstehende Forderungen. Die Vorteile (Erträge) der verdeckten Einlage werden für die steuerliche Berechnung korrigiert. In Höhe der verdeckten Einlage liegen **nachträgliche Anschaffungskosten** an der Beteiligung vor.

Die Übersicht 8 mit weiteren Erläuterungen soll zur Abrundung die Verwandtschaft der verdeckten Einlage mit der verdeckten Gewinnausschüttung verdeutlichen.

Übersicht 8: Vergleich der verdeckten Gewinnausschüttung/Einlage

Blickwinkel	**verdeckte Gewinnausschüttung**	**verdeckte Einlage**
Vermögen-sebene	Vermögensvorteil für Gesellschafter oder nahestehende Person	Vermögensvorteil für Gesellschaft
GV-Ebene (Gesellschafterversammlung)	Ausschüttung ohne Beschluss	Einlage ohne Beschluss
Gegenleistung	zu hohe Gegenleistung	keine / zu geringe Gegenleistung
Gesellschafts-verhältnis	ist durch das Verhältnis begründet	ist durch das Verhältnis begründet
bilanzielle Betrachtung	wirkt sich zuungunsten der Gesellschaft auf das Einkommen aus	muss zugunsten der Gesellschaft bilanzierungsfähig sein

Die steueroptimierte Einlage

Das echte Gestaltungspotenzial einer Einlage soll nachfolgender Fall verdeutlichen.

Fall 61: Erwünschte steuerliche Auswirkungen einer Einlage

Herr Zeppelin, Geschäftsführer und Alleingesellschafter der „Luftwaffen GmbH", besitzt seit über zehn Jahren ein Mehrfamilienhaus, das er seitdem vermietet. Die damaligen Anschaffungskosten betrugen umgerechnet 250.000 € (davon 150.000 € Gebäude, der Rest des Kaufpreises wurde für das Grundstück bezahlt). Der derzeitige Wiederverkaufswert (Marktwert) beträgt 600.000 € (davon 450.000 € Gebäude). Herr Zeppelin erzielt aus der Vermietung Einkünfte in Höhe von 20.000 €. Auf diese Einkünfte zahlt er Einkommensteuer von ca. 8.000 €.

Die „Luftwaffen GmbH“ ist aufgrund der allgemeinen schlechten Zahlungsmoral in ständigen Liquiditätsschwierigkeiten. Sie erzielt geringe jährliche Gewinne.

Herr Zeppelin überschreibt das Gebäude der GmbH. Diese wird als neuer Eigentümer in das Grundbuch eingetragen und tritt in die Mietverträge als Vermieter ein. Die GmbH übernimmt die fälligen Notar- und Grundbuchkosten, sowie die Zahlung der Grunderwerbsteuer. Eine weitere Kaufpreiszahlung wird nicht vereinbart.

Wie ist dieser Sachverhalt aus Sicht der GmbH und aus Sicht von Herrn Zeppelin zu beurteilen?

Herr Zeppelin leistet eine Einlage in Höhe von 600.000 € (bereits in Anspruch genommene Abschreibung bleibt in der Berechnung unberücksichtigt.) Bewertet wird die Einlage nicht mit den ursprünglichen Anschaffungskosten von Herrn Zeppelin (damals 250.000 €), sondern mit dem erzielbaren Wiederverkaufswert (auch Teilwert genannt). Diese Besonderheit besteht, weil zwischen dem Zeitpunkt der Anschaffung und dem Zeitpunkt der Einlage mehr als drei Jahre vergangen sind (§ 6 Abs. 1 Nr. 5 EStG).

Diese Einlage erhöht seine Anschaffungskosten an der Beteiligung um 600.000 € und wirkt sich bei einem späteren Verkauf der Anteile steuermindernd aus.

Die GmbH bilanziert das Mehrfamilienhaus mit 600.000 € (das Haus wird im Jahresabschluss ausgewiesen). Durch den Vermögenszuwachs wird das Vermögen der Gesellschaft gestärkt.

Durch die Mieteinnahmen erhöhen sich die Barmittel der Gesellschaft, die Liquiditätsengpässe verschwinden.

Die Abschreibung auf das Gebäude hat sich von ehemals 3.000 €/Jahr (2 % von 150.000 €) auf 9.000 €/Jahr (2 % von 450.000 €) erhöht. Bei angenommen gleichbleibenden Mieteinnahmen ergibt sich folgende Steuerbelastung:

Vereinfachte Berechnung der Steuerbelastung

	Vermietung Herr Zeppelin	Vermietung Luftwaffen GmbH
Steuerberechnung Überschuss/Jahr vor AfA	23.000,00 €	23.000,00 €
–		
Abschreibung (AfA)	-3.000,00 €	-9.000,00 €
Gewinn	20.000,00 €	14.000,00 €
–		
Steuern Herr Zeppelin ca. 40 %	-8.000,00 €	
Steuern GmbH ca. 30 %		-4.200,00 €
Steuerentlastung	**3.800,00 €**	

Vorteil 1: Die GmbH hat aufgrund der Mieteinnahmen eine bessere Liquidität

Vorteil 2: Die steuerliche Belastung sinkt, solange die erzielten Gewinne in der GmbH verbleiben.

Vorteil 3: Die Übertragung der Immobilie ist für Herrn Zeppelin steuerfrei möglich, da er das Gebäude bereits länger als zehn Jahre besaß (§ 23 EStG).

Vorteil 4: Die Anschaffungskosten an der GmbH-Beteiligung erhöhen sich. Bei einem späteren Verkauf der Beteiligung wirkt die Erhöhung der Anschaffungskosten steuersparend.

Vorteil 5: Durch die Einlage erhöht sich das Abschreibungsvolumen für das Gebäude. Das Abschreibungspotential erhöht sich entsprechend des Teilwertes, abzüglich bereits in der Vergangenheit vorgenommener Abschreibungen.

Lektion 6: Nicht abziehbare Betriebsausgaben

Allgemeine nicht abziehbare Betriebsausgaben

Der Gewinn einer Gesellschaft wird ermittelt, in dem, vereinfacht gesagt, von den erzielten Betriebseinnahmen (Erträge) die Betriebsausgaben (Aufwendungen) abgezogen werden. Der verbleibende positive Saldo ist der Gewinn, sollte der Saldo negativ sein, liegt ein Verlust vor.

Diese Lektion beschäftigt sich mit Ausgaben die zweifelsohne betrieblich veranlasst und danach per Definition Betriebsausgaben sind, bei denen jedoch der Gesetzgeber ein teilweises oder vollständiges Abzugsverbot eingeführt hat.

Das Abzugsverbot gilt jedoch nur für Besteuerungszwecke. Handelsrechtlich bleiben Betriebsausgaben immer Betriebsausgaben!

Der „Hauptkatalog" der nicht abziehbaren Betriebsausgaben ist im §4 Abs. 5 des Einkommensteuergesetzes (EStG) zu finden. Weitere nicht abziehbare Betriebsausgaben die speziell Kapitalgesellschaften (also auch die GmbH) betreffen sind im Körperschaftsteuergesetz (z.B. § 10 KStG) zu finden.

Hinweis: *Aus didaktischen Gründen wurde bei den nachfolgenden Beispielen die Korrektur der Umsatzsteuer und des Vorsteuerabzuges nicht berücksichtigt (siehe dazu Näheres in der Lektion 16).*

Aufgrund der Fülle der gesetzgeberischen Korrekturen bei den Betriebsausgaben werden nur die nicht abziehbaren Betriebsausgaben näher erläutert, die im normalen Geschäftsbetrieb relevant sind. Der erste Teil der Lektion behandelt die allgemeinen nicht abziehbaren Betriebsausgaben, der zweite Teil beschäftigt sich mit speziellen nur Körperschaften betreffenden, nicht abziehbaren Betriebsausgaben Eine tabellarische Darstellung rundet am Ende die Lektion ab.

Fall 62: Geschenke an Geschäftspartner

Aufwendungen für betrieblich veranlasste Geschenke an Geschäftspartner dürfen den Gewinn nicht mindern, wenn sie insgesamt 35 € netto im Wirtschaftsjahr übersteigen (§4 Abs. 5 Nr. 1 EStG).

Der Geschäftsführer Karl Spendabel der „Klatz GmbH" verteilte im vergangenen Wirtschaftsjahr folgende Geschenke an seine Geschäftspartner als Dankeschön für die erteilten Aufträge / Bestellungen:

1. Herr Benjamin erhielt im Winter eine Rolex im Wert von 200 €.

2. Frau Kolumna erhielt im Frühjahr eine Seiko im Wert von 34,95 €,

3. Herr Otto bekam ebenfalls im Frühjahr eine Quarzuhr im Wert von 20 € und im Herbst drei Flaschen Wein im Wert von jeweils 15 €.

Handelt es sich um nicht abziehbare Betriebsausgaben?

zu 1. Der Wert des Geschenkes für Herrn Benjamin beträgt mehr als 35 €. Die Ausgabe ist insgesamt nicht abziehbar.
zu 2. Frau Kolumnas Geschenk liegt unterhalb des Freibetrages von 35 €. Es handelt sich um eine abziehbare Betriebsausgabe.
zu 3. Die Geschenke an Herrn Otto liegen zwar jeweils unter 35 €. Da sie jedoch zusammen den Wert von 35 € übersteigen (65 €) sind sie **insgesamt** nicht abziehbar.

Steuertipp: *Aufwendungen für Geschenke an Geschäftspartner* **müssen** *separat gebucht und benannt werden. Das bedeutet: fehlt die namentliche Kennzeichnung der Ausgaben, entfällt generell die Abzugsfähigkeit, auch wenn die einzelnen Geschenke weniger als 35 € (zzgl. Umsatzsteuer) pro Geschäftspartner kosten.*

Steuertipp: *Schenken Sie Ihrem wertvollen Geschäftspartner doch etwas, dass nur rein betrieblich genutzt werden kann (z.B. einem Bäcker einen neuen Backofen). In dem Fall entfällt das Abzugsverbot. Das Geschenk bleibt auch bei einem Wert von über 35 € abziehbar.*

Geldgeschenke sind übrigens generell nicht abziehbar.

Geschenke an Arbeitnehmer

Geschenke an die Arbeitnehmer sind bis zu einem Wert von 40 € als Aufmerksamkeit abziehbar und für den Arbeitnehmer steuerfrei (Lohnsteuerrichtlinie R 19.6). Geldgeschenke an Arbeitnehmer gehören generell zum

Arbeitslohn, egal in welcher Höhe! Diese sind zwar als Betriebsausgaben abziehbar (da Lohnkosten), müssen jedoch durch den Arbeitnehmer versteuert werden.

Fall 63: Aufwendungen für Bewirtungen

Angemessene Aufwendungen für Bewirtungen an Personen aus geschäftlichem Anlass sind zu 70 % abziehbar, wenn bestimmte Aufzeichnungs- und Belegpflichten beachtet werden. Der Beleg muss maschinell erstellt und die Art, der Umfang sowie das Entgelt der Speisen und Getränke müssen einzeln ausgewiesen sein. Der Beleg ist durch den Zahlenden zu unterschreiben. Zu den Aufzeichnungspflichten gehört der Ort, das Datum (entfällt jeweils bei einem Gaststättenbesuch) der Anlass und die namentliche Benennung der Teilnehmer.

Tim Wältzer Geschäftsführer der „Best Cuisine GmbH“ hatte im vergangenen Geschäftsjahr folgende Bewirtungsaufwendungen:

1. Er bewirtete vier Geschäftspartner anlässlich eines Vertragsabschlusses in einer Gaststätte. An Aufwendungen sind ihm insgesamt 210 € entstanden. Der maschinell erstellte, ausgefüllte Beleg mit den notwendigen Angaben liegt vor.

2. Wie Fall 1, jedoch fehlen die Namen der bewirteten Personen

3. Wie Fall 1, es handelt sich jedoch nur um eine handschriftliche Rechnung mit dem Vermerk „Speisen und Getränke“

4. Wie Fall 1, jedoch erfolgte die Bewirtung an seinem 45. Geburtstag

5. Anlässlich einer Arbeitsbesprechung reichte Herr Wältzer seinen Arbeitnehmern Kekse, Salzstangen und Cola. Hierfür wendete er 110 € auf. Auf dem Einkaufszettel ist handschriftlich vermerkt „für Arbeitsbesprechung vom ...“.

6. Mit zwei Geschäftspartnern besuchte er die Szenegaststätte „billig kann jeder“. Aufgrund der mittlerweile zehnjährigen Zusammenarbeit spendierte er zwei Flaschen Champagner und ein paar Snacks. Die maschinell erstellte ordnungsgemäß ausgefüllte Rechnung über 2.899 € liegt vor.

Wie sind die Aufwendungen zu behandeln?

zu 1. Es handelt sich um eine ordnungsgemäße Bewirtungsaufwendung. Aufwendungen in Höhe von 147 € (70 %) sind abziehbar.
zu 2. Die besonderen Nachweispflichten (in dem Fall Namen der Personen) wurden nicht erfüllt. Die Aufwendungen sind insgesamt nicht abziehbar.
zu 3. Die besonderen Belegpflichten (maschinell erstellte Rechnung) wurden nicht erfüllt. Die Aufwendungen sind insgesamt nicht abziehbar.
zu 4. Es handelt sich nicht um eine Bewirtung aus geschäftlichem, sondern privatem Anlass (Geburtstag). Die Aufwendungen sind insgesamt nicht abziehbar.
zu 5. Aufmerksamkeiten die anlässlich einer dienstlichen Besprechung gereicht werden, sind insgesamt abziehbar. Er hat abziehbare Betriebsausgaben in Höhe von 110 € (LStR 19.6).
zu 6. Die besonderen Nachweis- und Belegpflichten sind erbracht. Es handelt sich um eine Bewirtung aus geschäftlichem Anlass. Jedoch sind die Aufwendungen in dieser Höhe in aller Regel als nicht angemessen anzusehen (branchenabhängig). Die Aufwendungen sind insgesamt nicht abziehbar.

Steuertipp: *Oft kommt es vor, dass auf den maschinell erstellten Bewirtungsrechnungen keine Spalten für den Anlass und die bewirteten Personen vorgesehen sind. Im Bürofachhandel kann man für diese Zwecke sogenannte „Bewirtungsbelege" Blöcke kaufen. Auf diesen Formularen lassen sich die Angaben ergänzen. Die Bewirtungsrechnung wird an dem Zettel fest angebracht (geklebt oder getackert) und zu den Buchhaltungsbelegen gelegt. Die Nachweisvoraussetzungen gelten als erfüllt.*

Fall 64: Verpflegungsmehraufwendungen

Unter Verpflegungsmehraufwendungen wird der erhöhte finanzielle Aufwand verstanden, der dadurch entsteht, dass der Arbeitnehmer nicht an seinem regulären Arbeitsplatz eingesetzt wird. Es wird unterstellt, dass auf Grund der fremden Umgebung (kein Kühlschrank etc.) die vergleichbaren Aufwendungen für die Beköstigung „in der Fremde" höher sind.

Verpflegungsmehraufwendungen sind abziehbar, wenn folgende Bedingungen erfüllt sind:

1. Der Arbeitnehmer wird vorübergehend nicht an seiner regelmäßigen Betriebsstätte (Arbeitsplatz) eingesetzt oder

2. Der Arbeitnehmer führt ein typische Fahrtätigkeit aus (z.B. Taxi) oder

3. Der Arbeitnehmer ist typischerweise an ständig wechselnden Arbeitsstellen eingesetzt (z.B. Kundendienstmonteur).

Abziehbar sind bei Tätigkeiten im Inland Pauschbeträge von:

1. 24 € bei einer Abwesenheit von 24 h von seinem Wohnort

2. 12 € bei einer Abwesenheit von mehr als 14 aber weniger als 24 h

3. 6 € bei einer Abwesenheit von mehr als 8 aber weniger als 14 h

Für Auslandstätigkeiten (außerhalb Deutschlands) gelten je Land unterschiedliche Sätze. Diese Pauschalen werden jährlich aktualisiert und veröffentlicht.

1. Die Arbeitnehmer Klaus und Klaus der „Krabbenfischer GmbH" fahren zur Fischmesse nach Saßnitz. Sie fahren um 06:00 Uhr los und kommen um 21:00 Uhr am selben Tag zurück. Sie rechnen eigene Ausgaben für Essen und Trinken über jeweils 25 € mit ordnungsgemäßen Rechnungen ab.

2. Wie Fall 1, doch statt einer Einzelabrechnung beantragen Sie die Auszahlung der Verpflegungsmehraufwendungen in Höhe von jeweils 12 €.

3. Der Arbeitnehmer Krupp der „Stahl und Metall GmbH" wird vom 01.01. des Jahres bis zum 31.05. des Jahres auf einer Großbaustelle, 100 km entfernt von seinem Wohnort, eingesetzt. Er pendelt täglich mit dem Auto.

4. Wie Fall 3, jedoch nimmt er sich am Arbeitsort eine zweite Wohnung und übernachtet von Montag bis Freitag dort.

5. Der Geschäftsführer Clever der „Besser Beraten GmbH" fährt vom Montag 06:00 Uhr bis Mittwoch 20:00 Uhr auf eine Dienstreise. Er rechnet gegenüber seiner GmbH Verpflegungsmehraufwendungen für Montag und Mittwoch von 12 € und für Dienstag von 24 € ab. Gleichzeitig bewirtete er Dienstagnachmittag Geschäftspartner. Eine ordnungsgemäße Bewirtungsrechnung über 58 € liegt vor.

6. Er übernachtete in einem Hotel für jeweils 80 €/Nacht. Das Frühstück ist im Übernachtungspreis inbegriffen und mit 6,50 € extra ausgewiesen.

Wie sind die Sachverhalte zu beurteilen?

zu 1. Abziehbar sind Verpflegungsmehraufwendungen nicht per Einzelnachweis, sondern nur im Rahmen der Pauschbeträge (hier jeweils 12 €).

zu 2. Die beantragten Verpflegungsmehraufwendungen sind in Höhe von je 12 € abziehbar. Die Arbeitnehmer waren länger als 14 Stunden von zu Hause entfernt.

zu 3. Per Fiktion wird die „fremde" Arbeitsstätte (Großbaustelle) zu einer regelmäßigen Arbeitsstätte, wenn der Einsatz länger als drei Monate andauert. Verpflegungsmehraufwendungen können also bis zum 31.03. des Jahres angesetzt werden. Nach dem 31.03 wird aus der Großbaustelle eine regelmäßige Arbeitsstätte.

zu 4. Auch wenn er sich am Arbeitsort eine zweite Wohnung nimmt, gilt die Arbeitsstätte die ersten drei Monate als „fremde" Arbeitsstätte. Es ist ebenfalls der Ansatz von Verpflegungsmehraufwendungen bis Ende März möglich.

zu 5. Bewirtungen aus geschäftlichem Anlass sind neben den Verpflegungsmehraufwendungen abziehbar (hier 58 €; abziehbar 40,60 €, 70 %).

zu 6. Der Geschäftsführer Clever gilt als Arbeitnehmer. Für das Frühstück muss ein pauschaler Abzug von derzeit 1,57 € pro Tag (Sachbezug für Frühstück) angesetzt werden. Dieser Betrag wird von den steuerfreien Verpflegungsmehraufwendungen abgezogen.
Alternative:
Statt des Frühstücks ist eine „Servicepauschale in Höhe von 6,50 € ausgewiesen.
In dem Fall erfolgt die Kürzung sogar um 20 % von 24 € (Verpflegungsmehraufwand für 1 Tag), also um 4,80 €.

Steuertipp: *Die Verpflegungsmehraufwendungen können durch den Arbeitgeber in doppelter Höhe steuerfrei ausgezahlt werden, wenn folgende Bedingungen erfüllt sind:*

1. *Diese erhöhte Auszahlung wird mit einem pauschalen Steuersatz von 25 % durch den Arbeitgeber versteuert.*
2. *Die Aufwendungen entstanden nicht im Rahmen einer doppelten Haushaltsführung (zweite Wohnung am neuen Arbeitsort, (Fall 64 Variante 4).*

Diese Herangehensweise ist sinnvoll, wenn der Arbeitnehmer (z.B. Geschäftsführer) ein sehr hohes Gehalt bezieht und sozialversicherungspflichtig ist. Durch die pauschale Besteuerung mit der Lohnsteuer unterliegen diese Zuwendungen nicht der Sozialversicherungspflicht und der Steuersatz ist mit pauschal 25 % auch moderat.

Beispiel:

Die GmbH zahlt Ihren Arbeitnehmern statt 6 € den erhöhten Satz von 12 € bei einer Abwesenheit von der Wohnung von mehr als acht Stunden.

Die Arbeitnehmer erhalten 12 € ausgezahlt. Der Arbeitgeber muss 6 € pauschal mit 25 % besteuern (12 € ./. 6 € steuerfreie Pauschale).

1,50 € an pauschaler Lohnsteuer sind an das Finanzamt zu entrichten.

Fall 65: Das steuerlich abziehbare häusliche Arbeitszimmer (§ 4 Abs. 5 Nr. 6b EStG)

Die Geschäftsführerin Frau Scharfzahn der „Schattenwelten GmbH“ hat in den bewohnbaren Kellerräumen des Einfamilienhauses ein Büro eingerichtet. An anteiligen jährlichen Aufwendungen fallen 2.800 € an.

a) Sie nutzt es als Zweitbüro für die GmbH. Tatsächlich hat die Firma jedoch repräsentative Firmenräume in Friedhofnähe angemietet. Die GmbH übernimmt gemäß vertraglicher Vereinbarung die laufenden Kosten.

b) Die GmbH hat hier den Firmensitz und keine weitere Repräsentanz. Die GmbH übernimmt gemäß vertraglicher Vereinbarung die laufenden Kosten.

c) Die GmbH hat hier den Firmensitz und keine weitere Repräsentanz. Es liegt ein steuerlich anzuerkennender Mietvertrag über monatlich 500 € vor.

d) Das Büro wird gar nicht durch die GmbH genutzt. Stattdessen versucht Sie sich in der Freizeit als Autorin von Vampirromanen. Tatsächlich gelingt ihr der Verkauf der "Mylight-Saga" an einen großen Verlag.

Lösung

zu a): Obwohl der Raum betrieblich genutzt wird, handelt es sich bei den Aufwendungen für das Arbeitszimmer um nicht abziehbare Betriebsausgaben. Grund: Für die in dem Raum ausgeführten Tätigkeiten steht ein anderer Arbeitsplatz zur Verfügung (Firmenzentrale).

zu b): Es handelt sich um abziehbare Betriebsausgaben in voller Höhe (2.800 €).

zu c): Die Aufwendungen von 500 € monatlich sind abziehbare Betriebsausgaben bei der GmbH. Frau Scharfzahn muss die Einnahmen von 6.000 € im Jahr als Einnahmen versteuern. Davon kann sie die Aufwendungen von 2.800 € abziehen.

zu d): Für Ihre Tätigkeit als „Schriftstellerin" steht Frau Scharfzahn kein weiterer Arbeitsplatz zur Verfügung. Die Aufwendungen sind für Frau Scharfzahn bis zu einer Höhe von 1.250 €/Jahr abziehbar. Die Kostendeckelung erfolgt, weil es sich beim Schreiben der Vampirromane nicht um die gesamte berufliche Tätigkeit handelt.

Steuertipp: *Haben Sie neben ihrer Geschäftstätigkeit eine Nebentätigkeit, die Sie von einem häuslichen Arbeitszimmer betreiben, sind zumindest entsprechende Ausgaben bis zur Höhe von 1.250 € steuerlich abzugsfähig.*

Skurril wird es im Steuerrecht, wenn durch die Finanzverwaltung für eine betrieblich verursachte Steuer die Eigenschaft als Betriebsausgabe verneint wird. Das ist bei der Gewerbesteuer der Fall (§ 4 Abs. 5b EStG).

Fall 66: Nicht abziehbare betriebliche Steuer

Die Betriebsprüfung bei der „Handzahm GmbH" ergab eine Gewerbesteuernachzahlung für 12 von 8.000 €. Die Nachzahlungszinsen betragen 700 €. Handelt es sich um eine nicht abziehbare Betriebsausgabe?

Sowohl die Zahlung der Gewerbesteuer als auch die darauf entfallende Zinszahlung dürfen den Gewinn nicht mindern, weil es sich per Gesetz um keine Betriebsausgaben handelt!

Übrigens, bei der Zinszahlung handelt es sich um eine steuerliche Nebenleistung. Steuerliche Nebenleistungen sind zusätzliche Abgaben, die neben den Steuern erhoben werden können.

Unter steuerlichen Nebenleistungen sind z.B. zu verstehen:

- Säumniszuschläge (bei verspäteter Zahlung der Steuer)

- Verspätungszuschläge (bei verspäteter Abgabe der Steuererklärung beim Finanzamt

- Zinsen (abhängig vom Zeitpunkt der Steuernachzahlung)

- Zwangsgelder (um die Abgabe der Steuererklärung zu erzwingen)

Steuertipp: *Die Androhung oder Festsetzung eines Zwangsgeldes ist nicht sehr schön, aber im Gegensatz zu den sonstigen steuerlichen Nebenleistungen, kann sich das Zwangsgeld in Luft auflösen. Sobald die Steuererklärung eingereicht wird, ist das Zwangsgeld hinfällig. Sollte also der Vollstreckungsbeamte wegen den fehlenden Steuererklärungen und eines festgesetzten Zwangsgeldes vor der Tür stehen, reichen Sie ihm immer zuerst die Steuererklärung entgegen! Für das Zwangsgeld fehlt es dann an einer gesetzlichen Grundlage, da die Erklärung abgegeben ist!*

§ 4 Abs. 6 EStG Parteispenden:
Spenden an politische Parteien unterliegen dem Abzugsverbot. Damit soll eine Verquickung von Wirtschafts- und Parteiinteressen vermieden werden.

§ 3c EStG „steuerfreie" Betriebsausgaben:

Stehen die Ausgaben mit steuerfreien Einnahmen im direkten Zusammenhang, ist der Abzug ausgeschlossen.

Fall 67: Abzugsverbot bei steuerfreien Einnahmen

Die „Pro Check GmbH" möchte in Frankfurt/Oder investieren und prüft daher, ob es möglich ist, für die Anschaffungen steuerfreie Investitionszuschüsse des Landes Brandenburg zu erhalten. Für die Prüfung und die Beratung zu den Subventionsanträgen werden 1.500 € bezahlt. Letztendlich investiert die Gesellschaft nicht. Handelt es sich um eine nicht abziehbare Betriebsausgabe im Sinne des § 3c EStG?

Ja, die Beratungsrechnung darf den Gewinn nicht mindern. Im Zusammenhang mit steuerfreien Einnahmen stehende Ausgaben dürfen nicht abgezogen werden (§ 3c Abs. 1 EStG).

Dabei ist es unerheblich, ob steuerfreie Einnahmen tatsächlich erzielt wurden!

Leitsatz 15

!

Die Einteilung der nicht abziehbaren Betriebsausgaben

Nicht abziehbare Betriebsausgaben werden unterschieden in Ausgaben mit **teilweisem Abzugsverbot** (Bewirtungsaufwendungen, Verpflegungsmehraufwendungen, Geschenke) oder Ausgaben mit vollständigem Abzugsverbot (Gewerbesteuer, Parteispenden).

Die teilweise abziehbaren Betriebsausgaben werden wiederum unterschieden in Ausgaben die **bis zu einer bestimmten Höhe abziehbar** sind (z.B. Bewirtung), und Ausgaben die, wenn eine **bestimmte Höhe überschritten** wird, komplett nicht abziehbar sind (Geschenke).

Spezielle nicht abziehbare Betriebsausgaben

Fall 68: Beteiligungen an anderen Körperschaften

Die „Allior AG" ist zu 50 % an der „Allior GmbH" beteiligt. Die „Allior GmbH" schüttet an die „Allior AG" eine Dividende in Höhe von 100.000 € aus.

In welcher Höhe wird die Ausschüttung bei der „Allior AG" besteuert?

Die „Allior AG“ muss 5.000 € versteuern (5 % der Ausschüttung).

Im Wirtschaftsleben kommt es vor, dass eine GmbH oder Aktiengesellschaft (Gesellschaft I) an einer anderen Gesellschaft (Gesellschaft II) beteiligt ist. Das bedeutet, dass nicht eine natürliche Person die Anteile an der Kapitalgesellschaft (Gesellschaft II) gekauft hat, sondern eine andere Kapitalgesellschaft (Gesellschaft I). Das ist möglich, weil die GmbH als juristische Person eine eigene Rechtsfähigkeit besitzt.

Schüttet die Gesellschaft (II) ihren Gewinn aus (Dividendenzahlung), so ist diese Ausschüttung bei der beteiligten Gesellschaft (I) nicht zu versteuern.

Das hat folgende Bewandtnis: Bevor der Gewinn ausgeschüttet werden kann, müssen die auf den Gewinn anfallenden Steuern (insgesamt ca. 30 %) gezahlt werden. Würde die Ausschüttung bei der empfangenden Gesellschaft (I) erneut als Gewinn besteuert, würde insofern eine Doppelbesteuerung einsetzen.

Beispiel:

Gesellschaft I:

Gewinn von		100.000 €
Steuern (30 %)	./.	30.000 €
verbleiben		70.000 €

Der Gewinn nach Steuern wird an die beteiligte Gesellschaft II ausgeschüttet.

Gesellschaft II:

Gewinn vor Ausschüttung	0 €
Ausschüttung	70.000 €
Gewinn nach Ausschüttung	70.000 €

Annahme, dass die Ausschüttung als Gewinn besteuert werden würde.

Gewinn nach Ausschüttung		70.000 €
Steuern (30 %)	./.	21.000 €
verbleiben		49.000 €

Und so weiter ...

Damit dieser sogenannte Kaskadeneffekt nicht eintritt und die Steuerbelastung nicht ins unermessliche ansteigt (hier 51 %), werden diese Beteiligungseinkünfte steuerfrei gestellt (§ 8b KStG).

Jedoch existiert insofern ein Bruch in der Steuersystematik, dass für die der Beteiligung zuzurechnenden Betriebsausgaben (z.B. Finanzierungszinsen) der Abzug zugelassen ist. Der gerade angesprochene § 3c EStG (Betriebsausgaben im Zusammenhang mit steuerfreien Einnahmen) ist nicht anzuwenden!

Fortführung des obigen Beispiels:

... Gewinn nach Ausschüttung	70.000 €
./. Zinsaufwand Beteiligung	5.000 €
Gewinn	65.000 €

Gewinn		65.000 €
Korrektur der Ausschüttung da steuerfrei	./.	70.000 €
Verlust	./.	5.000 €

Der Effekt, dass Betriebseinnahmen steuerfrei gestellt werden, die dazugehörigem Betriebsausgaben jedoch abzugsfähig bleiben, ist allerdings so auch nicht gewollt.

Deshalb, werden fiktiv 5 % der steuerfreien Ausschüttung als nicht abziehbare Betriebsausgabe behandelt.

Fortführung Beispiel:

... Verlust nicht abziehbar	./.	5.000 €
(5 % von 70.000 €)	+	3.500 €
endgültiger Verlust	./.	1.500 €

Leitsatz 16

Die Steuerfreiheit der Beteiligungseinkünfte

Beteiligungseinkünfte an anderen Kapitalgesellschaften (GmbH, AG etc.) werden steuerfrei gestellt, um die **doppelte Besteuerung** eines Gewinnes zu **vermeiden**. Die in dem Zusammenhang mit der Beteiligung anfallenden **Betriebsausgaben** sind **abzugsfähig**. Um diesen Effekt abzumildern, gelten 5 % der Ausschüttung als nicht abziehbare Betriebsausgabe. Das gilt allerdings auch, wenn für den Erwerb und das Halten der Beteiligung keine Betriebsausgaben angefallen sind. Ebenfalls steuerfrei gestellt ist der Gewinn aus der Veräußerung von solchen Anteilen (mit pauschalen **5 % nicht abziehbaren** Betriebsausgaben). Werden Verluste aus solchen Beteiligungen erzielt, sind diese steuerlich auch nicht zu berücksichtigen.

Hinweis: *Werden die Gewinnausschüttungen von einer Gesellschaft zur anderen weitergereicht, tritt dennoch ein Kaskadeneffekt ein. Auf jeder Stufe der Ausschüttung werden 5 % der Ausschüttung als nicht abziehbare Betriebsausgabe angesetzt.*

Das Teilabzugsverbot von Zinsaufwendungen (Zinsschranke § 8a KStG)

Die nachfolgenden Regelungen zur sogenannten Zinsschranke sind im Steuerrecht das, was für den Naturwissenschaftler die höhere Mathematik ist, nämlich einfach eine sehr anspruchsvolle Materie!

Zinsaufwendungen für Darlehen unterliegen ab einer bestimmten Höhe der Abzugsbeschränkung.

Zur Ermittlung der Höhe der Abzugsbeschränkung wird ein modifizierter Gewinn (nachfolgend „Zinsgewinn“ genannt) ermittelt. Der verbleibende Saldo aus Zinsaufwendungen (Ausgaben) abzüglich Zinserträgen (Einnahmen) ist in Höhe von 30 % dieses „Zinsgewinns“ abziehbar.

Die Abzugsbeschränkung greift wenn folgende Voraussetzungen kumuliert (zusammen) vorliegen:

1. Der Zinsaufwand (Zinszahlungen) ist höher als der Zinsertrag (Zinseinnahmen).

2. Der Zinsaufwand ist höher als drei Millionen Euro im Jahr.

3. Die Zinsaufwendungen haben den Gewinn tatsächlich gemindert.

Für Konzernstrukturen (mehrere Unternehmen unter einheitlicher Führung) gelten Sonderregelungen.

Die Höhe der abziehbaren Zinsen wird folgendermaßen ermittelt:

1.   Gewinn
2. + Zinsaufwendungen (Ausgaben)
3. ./. Zinsertrag (Einnahmen)
4. + Abschreibungen*
5. + abzugsfähige Spenden (Lektion 7)
6. + erfolgter Verlustabzug (Lektion 10)
7. Zinsgewinn (Bemessungsgrundlage für den Zinsabzug)

Durch den hohen Freibetrag von drei Millionen Euro im Jahr, sind die Regelungen der "Zinsschranke" für die Mehrzahl der GmbHs nicht relevant. Deshalb wird auf ein Berechnungsbeispiel an dieser Stelle verzichtet.

Zwischenstopp: Abschreibungen

Wirtschaftsgüter die bestimmte Anschaffungskosten übersteigen, dürfen nicht im Jahr des Kaufes sofort als Betriebsausgabe abgezogen werden. Stattdessen werden die Anschaffungskosten über den Zeitraum der voraussichtlichen Nutzung verteilt und abgezogen. Dieser Abzug wird auch Abschreibung oder AfA genannt. Die voraussichtliche Nutzungsdauer diverser Wirtschaftsgüter ist in Tabellen der Finanzverwaltung aufgeführt. Von diesen Tabellen kann in begründeten Fällen abgewichen werden. Neben der Abschreibung nach der Nutzungsdauer, kann z.B. noch nach der Leistung (wenn die Betriebsstunden eines Wirtschaftsgutes bekannt sind) abgeschrieben werden.

Fall 69: Abzugsverbot der Körperschaftsteuer

Genauso wie die Gewerbesteuer unterliegt auch die Körperschaftsteuer als sogenannte Steuer des Einkommens einem Abzugsverbot. Damit einhergehend ist der Solidaritätszuschlag (die Bemessungsgrundlage dafür bildet die festgesetzte Körperschaftsteuer) ebenfalls nicht abziehbar.

Die „no-mam GmbH" aus Berlin erzielte einen vorläufigen Gewinn von 100.000 € im vergangenen Jahr.

In dem Gewinn sind folgende Steuerzahlungen als Betriebsausgaben enthalten:

Körperschaftsteuer	10.000 €
Gewerbesteuer	10.000 €
Kapitalertragsteuer	5.000 €
Solidaritätszuschlag	550 €
Insgesamt	25.550 €

Wie hoch ist der endgültige Gewinn?

Der endgültige Gewinn beträgt 125.550 €. Die Steuerzahlungen sind dem Gewinn hinzuzurechnen. Die Kapitalertragsteuer gilt als Vorauszahlung auf die Körperschaftsteuer und ist ebenfalls nicht abziehbar (siehe Lektion 1).

Fall 70: Vergütungen für den Aufsichtsrat

Der Aufsichtsrat ist ein zusätzliches Kontrollgremium der Geschäftsführung. Er kann, muss jedoch nicht vorhanden sein.

Da der Aufsichtsrat nicht direkt für den wirtschaftlichen Erfolg des Unternehmens notwendig ist, und die Gefahr besteht, Ausgaben künstlich zu generieren, sind diese Aufwendungen nur zur Hälfte abziehbar.

Der dreiköpfige Aufsichtsrat der „Messerschmidt GmbH" tagte im vergangenen Jahr viermal, um sich von der Geschäftsführung Bericht über die Entwicklung der „Messerschmidt GmbH" erstatten zu lassen. Es fielen folgende Aufwendungen an:

Erstattung der Fahrtkosten	1.500 €
Sitzungsgelder	3.000 €
Spesen	1.500 €
Insgesamt	6.000 €

Wie hoch sind die abzugsfähigen Betriebsausgaben?

Insgesamt sind Aufwendungen in Höhe von 3.000 € abziehbar (50 %). 50 % der Vergütungen an Mitglieder des Aufsichtsrates sind nicht abziehbar.

Das gilt auch für Vergütungen an Personen die mit der Überwachung der Geschäftsführung betraut werden. Das hälftige Abzugsverbot erstreckt sich auf Vergütungen jeglicher Art, also auch Fahrtkostenerstattungen etc.

Übersicht 9: Die nicht abziehbaren Betriebsausgaben

Bezeichnung der nicht abziehbaren Betriebsausgaben	steuerliche Auswirkung
Aufwendungen für **Geschenke** an Geschäftspartner	Geschenke =< **35 €/Jahr** pro Geschäftspartner voll abziehbar Geschenke > **35 €/Jahr** pro Geschäftspartner nicht abziehbar
Aufwendungen für **Bewirtung** von Personen aus geschäftlichen Anlass	wenn alle formalen Voraussetzungen erfüllt sind und die Aufwendungen angemessen sind, **abziehbar zu 70 %**, ansonsten nicht abziehbar
Aufwendungen für Gästehäuser, außerhalb der Betriebsstätte und nicht für Personal verwendet	nicht abziehbar bei fehlender Gewinnabsicht
Aufwendungen für Jagd, Fischerei, Segelyachten, Motorboote und damit zusammenhängende Bewirtung	nicht abziehbar bei fehlender Gewinnabsicht
Verpflegungsmehraufwand	abziehbar sind die gesetzlichen Pauschbeträge (24 €/12 €/6 € Inland), bei Pauschalbesteuerung verdoppeln sich die Sätze, kein Abzug der tatsächlichen Kosten
von einem Gericht oder Behörde verhängte Geldbuße, Straf- oder Verwarnungsgelder, wenn diese nicht nur die Wiedergutmachung eines Schadens betreffen	nicht abziehbar (z.B. das Parkknöllchen)

Zinsen auf hinterzogene Steuern	nicht abziehbar
Ausgleichszahlungen an Anteilseigner in Organschaftsfällen (siehe Lektion 8)	nicht abziehbar
Schmiergeldzahlungen	nicht abziehbar wenn Straf- oder Bußgeldvorschriften einschlägig sind
Fahrten Wohnung / Arbeitsstätte)	abziehbar sind diese mit 0,30 €/ Entfernung km/je Tag darüber hinaus nicht abziehbar
Gewerbesteuer und Nebenleistungen	nicht abziehbar
Parteispenden	nicht abziehbar
Zinsaufwendungen	teilweises Abzugsverbot bei Aufwendungen größer 3 Millionen € im Jahr
Beteiligungserträge (andere Körperschaften)	5% der steuerfrei gestellten Erträge werden als nicht abziehbare Betriebsausgabe erfasst
Aufwendungen für satzungs-/ stiftungsgemäße Zwecke	nicht abziehbar
Körperschaftsteuer	nicht abziehbar
Umsatzsteuer auf verdeckte Gewinnausschüttungen Entnahmen und sonstige nicht abziehbare Betriebsausgaben	nicht abziehbar
strafrechtlich relevante Geldstrafen	nicht abziehbar
Hälfte der Aufsichtsratsvergütungen	nicht abziehbar

Lektion 7: Der Spendenabzug

Spenden sind freiwillige Zuwendungen an andere Personen oder Organisationen. Spenden sind per Definition keine Betriebsausgaben. Das Charakteristikum der Spenden ist es, dass diese uneigennützig und ohne Gegenleistung erfolgen. Das verträgt sich nicht mit dem Grundgedanken, der Betriebsausgaben. Diese müssen, damit sie als Aufwand behandelt werden können, rein betrieblich, also unter Berücksichtigung der betrieblichen Gewinnerzielungsabsicht, erfolgt sein.

Die Spenden besitzen im Besteuerungsverfahren eine Sonderstellung. Diese Sonderstellung nehmen sie sowohl in der Körperschaftsteuer als auch in der Gewerbesteuer ein.

Die Spenden werden in einem ersten Schritt wie nicht abziehbare Betriebsausgaben dem Einkommen hinzugerechnet, jedoch später erneut abgezogen.

Voraussetzungen des Spendenabzugs

Doch nicht jede geleistete Spende ist abziehbar.

Der Gesetzgeber entfaltet mit seinem Anforderungskatalog an die Abzugsfähigkeit der Spenden eine Lenkungswirkung.

Generell vom Abzug ausgeschlossen, sind im betrieblichen Bereich die Parteispenden. Der Gedanke dabei ist, dass politische Entscheidungen nicht durch Spenden beeinflusst werden sollen.

Abzugsfähige Spenden sind die Spenden an Körperschaften die steuerbegünstigte Zwecke verfolgen. Steuerbegünstigte Zwecke sind besondere gemeinnützige, mildtätige und kirchliche Zwecke.

Was genau darunter zu verstehen ist, wird in der Abgabenordnung (§§ 51 ff. AO) geregelt.

Die Abgabenordnung ist ein Rahmengesetz für alle weiteren Steuergesetze. Die Abgabenordnung gibt den Verfahrensrahmen von der Steuerentstehung bis zur Steuervollstreckung vor.

Körperschaften die steuerbegünstigte Zwecke verfolgen, dürfen für die erhaltenen Zuwendungen sogenannte Spendenbescheinigungen ausstellen (Zuwendungsbestätigungen). Diese Spendenbescheinigung muss im Original zusammen mit der Steuererklärung beim Finanzamt eingereicht werden. Auf der Spendenbescheinigung sind der Tag und die Höhe der Zuwendung zu vermerken. Die Spendenbescheinigung muss weiterhin den Hinweis enthalten, dass die Körperschaft steuerbegünstigte Zwecke verfolgt. Die Verfolgung der steuerbegünstigten Zwecke wird durch das Finanzamt überprüft, mit Bescheid festgestellt und gilt für einen Zeitraum von drei Jahren. Danach erfolgt eine erneute Prüfung, ob die Kriterien der steuerbegünstigten Zwecke eingehalten wurden.

Hinweis: *Musterformulare ordnungsgemäßer Spendenbescheinigungen sind in den Einkommensteuerrichtlinien (Anlage 4 zu den Richtlinien) zu finden.*

Leitsatz 17

Was sind Spenden?

Spenden sind per Definition **keine Betriebsausgaben**. Sie werden aber unter bestimmten Voraussetzungen zum Abzug zugelassen.

1. Voraussetzung – Die spendenerhaltende Körperschaft verfolgt **steuerbegünstigte Zwecke**.
2. Voraussetzung – Für die Zuwendung wird eine gültige **Spendenbescheinigung** ausgestellt. Diese Bescheinigung wird im Original zusammen mit der Steuererklärung beim Finanzamt eingereicht.

Übrigens: *Mitgliedsbeiträge an die begünstigten Körperschaften sind wie Spenden abziehbar, wenn der Zahlung des Beitrages keine Gegenleistung gegenübersteht.*

Fall 71: Spendenabzug

Die „Sommerfrische GmbH" mit Sitz in Freiburg (Breisgau), hatte im vergangenen Jahr folgende noch zu klärende Ausgaben.

1. Eine Geldspende über 10.000 € an den ansässigen Ortsverband der SPD. Eine ordnungsgemäße Spendenbescheinigung liegt vor.

2. An den Malteser Hilfsdienst e.V. wurde ein Mitgliedsbeitrag von 36 € bezahlt. Die Zahlung wurde durch einen Kontoauszug belegt.

3. An den ansässigen Sportverein „Glück Auf e.V." eine Geldspende von 23.000 €. Die Spendenbescheinigung konnte nicht mehr gefunden werden. Es wurde ein Duplikat der Bescheinigung ausgestellt und eingereicht. Auf der eingereichten Bescheinigung ist vermerkt, dass es sich um ein Duplikat handelt.

4. An den Denkmalschutzverein „Bronze für Volker e.V." einen Geldbetrag von 5.000 € für die Errichtung eines Trainerdenkmals von Volker Finke in der Fußgängerpassage. Eine Spendenbescheinigung liegt vor. Es fehlt jedoch der Hinweis auf die steuerbegünstigten Zwecke.

5. An den Heimatverein „Wir sind Breisgau" fünf ausrangierte aber funktionsfähige Computer mit einem Wiederverkaufswert von jeweils 300 €. Eine ordnungsgemäße Bescheinigung über die Art, die Anzahl und den Wert der erhaltenen Computer durch den Heimatverein liegt vor.

Handelt es sich um abzugsfähige Spenden?

zu 1. Die Parteispende ist unabhängig von einer gültigen Bescheinigung nicht abziehbar (§ 4 Abs. 6 EStG).

zu 2. Zur Vereinfachung des Verwaltungsaufwandes existiert für die Zuwendung von Kleinbeträgen eine Ausnahme. Die Zahlung von Spenden (und begünstigte Mitgliedsbeiträge) bis zu 200 € können auch durch einen Bankauszug nachgewiesen werden. Eine separate Spendenbescheinigung ist nicht erforderlich. Der Mitgliedsbeitrag ist somit abziehbar.

zu 3. Wenn die Original-Spendenbescheinigung nicht mehr auffindbar ist, kann auch eine Zweitschrift ausgestellt werden. Auf der neu ausgestellten Bestätigung ist jedoch zu vermerken, dass es sich um ein Duplikat handelt. Die Spende ist somit abziehbar.

zu 4. Spenden an Vereine des Denkmalschutzes sind abziehbar, wenn sie steuerbegünstigte Zwecke verfolgen. Dieser Hinweis fehlt auf der Zuwendungsbestätigung. Daher ist die Spende in Höhe von 5.000 € nicht abziehbar.

zu 5. Neben Geld können auch Sachen gespendet werden (Sachspenden). Wichtig dabei ist, dass die Art der gespendeten Sachen, die

Anzahl und der Wert zum Zeitpunkt der Spende genau vermerkt sind. Die Spende an den Heimatverein in Höhe von insgesamt 1.500 € ist somit abziehbar.

Die Höhe des Spendenabzugs

Spenden sind jedoch nicht unbegrenzt abzugsfähig. Der Abzug der Spenden ist auf 20 % des Einkommens begrenzt. Alternativ dazu können 4 Promille der Summe aus Umsätzen und Löhnen und Gehältern abgezogen werden. Diese Regelung dient vor allem GmbHs, die im Spendenjahr kein positives Einkommen, sondern ein negatives Einkommen (Verlust) erzielt haben. Die über diese Grenzen gezahlten, nicht abzugsfähigen Spenden, sind jedoch nicht verloren. Sie werden festgestellt (aufgeschrieben) und können im Folgejahr bzw. den Folgejahren abgezogen werden.

Fall 72: Berechnung des Spendenabzuges

Die „Sommerfrische GmbH" (Fall 66) leistete im vergangenen Jahr also insgesamt abzugsfähige Spenden in Höhe von 24.536 €. Sie erzielte ein positives Einkommen von 80.000 € und eine Umsatzhöhe von 450.000 €. An Löhnen und Gehältern wurden insgesamt 150.000 € aufgewendet.

Wie hoch ist der Spendenabzug für das vergangene Jahr?

20 % des Einkommens sind 16.000 €. (20 % von 80.000 € Einkommen).

Alternativ beträgt die Berechnung der Summe aus Umsätzen plus Löhne und Gehälter.

Umsatz		450.000 €
Löhne und Gehälter		150.000 €
Summe		600.000 €
600.000 € × 4 Promille	=	2.400 €

Die „Sommerfrische GmbH" kann also insgesamt 16.000 € an Spenden vom Einkommen abziehen.

Spenden in Höhe von 8.536 € (24.536 € Spenden ./. 16.000 € sofort abziehbare Spenden), werden in das Folgejahr vorgetragen und können zukünftig abgezogen werden.

Hinweis: *Sind Steuerbescheinigungen falsch ausgestellt, so haftet der Aussteller für die entgangene Steuer in Höhe von 30 % des Spendenbetrages! Der Zuwendende hat in der Regel einen Vertrauensschutz. Er kann der Ordnungsmäßigkeit der Spendenbescheinigung vertrauen, es sei denn, er hätte von der falschen Bescheinigung Kenntnis haben müssen.*

Lektion 8: Die Organschaft

„Bei der Organschaft handelt es sich nicht um einen Begriff aus der Biologie."

Unter einer Organschaft werden zwei Firmen verstanden, die besonders eng miteinander verbunden sind. Sie bilden ein „Organ".

Diese Lektion möchte sich mit den Fragen beschäftigen:

- Was ist eine Organschaft in der Körperschaftsteuer?

- Worin liegt der Sinn einer Organschaft?

- Wie erfolgt die Besteuerung innerhalb des Organkreises?

Fall 73: Voraussetzungen der Organschaft

Herr Nansen, Geschäftsführer der „Kavalier GmbH" kommt zu Ihnen.

Er hat in einer Illustrierten den Begriff der steuerlichen Organschaft gelesen und bittet Sie um Hintergrundinformationen.

Können Sie ihm weiterhelfen?

Zu einer Organschaft gehören immer zwei Firmen

1. der Organträger und

2. die Organgesellschaft

Diese Firmen stehen nicht gleichberechtigt nebeneinander. Die Organgesellschaft ist dem Organträger wirtschaftlich untergeordnet. Der Organträger beherrscht die Organgesellschaft.

Die Beherrschung kann nur erfolgen, wenn der Organträger die Stimmrechtsmehrheit an der Organgesellschaft hat.

Es müssen folgende Grundvoraussetzungen für eine Organschaft vorliegen:

- Die Organgesellschaft muss eine Kapitalgesellschaft sein.

- Der Organträger muss an der Organgesellschaft die Mehrheit der Stimmrechte besitzen, um seinen Willen durchsetzen zu können.

- Zwischen dem beherrschten und dem beherrschendem Unternehmen besteht ein Gewinnabführungsvertrag.

Zwischenstopp: Stimmrechtsmehrheit

Kapitalgesellschaften werden über ihr Kapital definiert. Dieses Kapital (bei der GmbH und der haftungsbeschränkten Unternehmergesellschaft das Stammkapital), gilt als Haftkapital zum Begleichen der Verbindlichkeiten etc. Je mehr Kapital ein Gesellschafter der GmbH zur Verfügung stellt, umso höher ist auch sein wirtschaftliches Risiko, dass das zur Verfügung gestellte Kapital verloren geht. Aus diesem Grunde erhält der Gesellschafter in der Regel pro Euro zur Verfügung gestelltes Kapital eine Stimme, um Beschlüsse fassen zu können. Hat die Gesellschaft zum Beispiel ein Stammkapital von 100.000 € und Gesellschafter A hat davon 51.000 € eingezahlt und Gesellschafter B 49.000 €, dann hat Gesellschafter A zum einen 51.000 Stimmen und zum anderen auch die **Stimmrechtsmehrheit**, weil er über 51 % der vorhandenen Stimmen verfügt und damit die Stimmrechtsmehrheit besitzt.

Gewinnabführungsvertrag

Die Organgesellschaft verpflichtet sich den im Wirtschaftsjahr erzielten Gewinn an den Organträger abzuführen. Dieser Gewinnabführungsvertrag muss schriftlich vorliegen. Der Vertrag muss mit einer Dreiviertel Mehrheit der bei der Abstimmung vorhandenen Stimmen beschlossen worden sein.

Der Organträger muss nicht zwingend eine Kapitalgesellschaft sein. Dabei kann es sich auch um eine natürliche Person, oder eine gewerbliche Personengesellschaft gemäß § 15 EStG handeln.

Für die Anerkennung einer körperschaftsteuerlichen Organschaft bedarf es darüber hinaus noch weiterer Voraussetzungen:

- Die Organgesellschaft muss sowohl ihren (Firmen-)Sitz als auch die Geschäftsleitung im Inland haben.

- Bei dem Organträger genügt es, wenn die Geschäftsleitung von Deutschland aus agiert. Der Firmensitz kann auch im Ausland liegen.

- Der Gewinnabführungsvertrag muss im Handelsregister eingetragen sein.

- Der Gewinnabführungsvertrag läuft über mindestens fünf Jahre und kann nur aus einem wichtigen Grunde gekündigt werden.

- Das Organschaftsverhältnis beginnt ein Jahr später, nachdem der Gewinnabführungsvertrag im Handelsregister eingetragen wurde.

- Die Organgesellschaft verpflichtet sich ihren gesamten Gewinn (und nicht nur einen Teil) abzuführen.

- Der Organträger verpflichtet sich einen eventuell anfallenden Verlust bei der Organgesellschaft auszugleichen.

- Für notwendige Investitionen bei der Organgesellschaft können Gewinnrücklagen gebildet werden. In Höhe der gebildeten Rücklagen wird der Gewinn nicht abgeführt.

Erst wenn diese Voraussetzungen vorliegen, wird das Organschaftsverhältnis durch das Finanzamt anerkannt.

Die körperschaftsteuerliche Organschaft ist in den Paragraphen 14 bis 19 KStG geregelt.

Die Vorteile einer Organschaft

Fall 74: Vorteile einer Organschaft

Herr Nansen ist etwas verwirrt, ob der Fülle der Regelungen und Einschränkungen. Dennoch will er nicht aufgeben und möchte von Ihnen wissen, worin der Sinn einer Organschaft liegt.

Die steuerliche Organschaft bringt verschiedene Vorteile mit sich.

1. Die eigene Marktposition kann durch Beherrschung von Abnehmerbetrieben abgesichert werden.

2. Verluste die eine Gesellschaft erzielt, können unproblematisch und direkt mit Gewinnen der anderen Gesellschaft ausgeglichen werden. Die Steuerbelastung der „Gewinngesellschaft“ sinkt.

3. Erhaltene und weitergeleitete Ausschüttungen der Organgesellschaft müssen nicht zweimal (mit 5% gemäß § 8b KStG) versteuert werden.

Fall 75: Verlustverrechnung in der Organschaft

Hocherfreut geht Herr Nansen und kommt zwei Jahre später erneut zu Ihnen. Er gibt ihnen folgende Informationen und bittet Sie um Ihre Hilfe.

Die Firma „Kavalier GmbH“ stellt Stützstrümpfe für Frauen her. Zur Sicherung Ihrer Marktstellung hatte sie alle Anteile an der „Orthosan GmbH“ erworben. Die „Orthosan GmbH“ betreibt mehrere Geschäfte für orthopädische Hilfsmittel. Aufgrund der Stimmrechtsmehrheit kauft die „Orthosan GmbH“ nur Stützstrümpfe der „Kavalier GmbH“ ein. Es liegt ein anerkanntes Organschaftsverhältnis vor.

Die „Kavalier GmbH“ erzielte im vergangenen Jahr einen Verlust von 100.000 €, die „Orthosan GmbH“ erwirtschaftete einen Gewinn von 50.000 €.

Wie ist zu verfahren?

Der Gewinn der „Orthosan GmbH“ wird mit dem Verlust der „Kavalier GmbH“ „saldiert“. Die „Orthosan GmbH“ behandelt die Abführung des Gewinns an die „Kavalier GmbH“ als Betriebsausgabe.

	Gewinn der Orthosan GmbH	50.000 €
./.	Abführung des Gewinns an die „Kavalier GmbH“	50.000 €
	korrigierter Gewinn	0 €

Die Gewinnabführung der „Orthosan GmbH“ wird bei der „Kavalier GmbH“ als Ertrag behandelt.

	Eigener Verlust	./.	100.000 €
+	Gewinnabführung der „Orthosan GmbH"		50.000 €
	korrigierter Verlust	./.	50.000 €

Bei fehlenden Organschaftsverhältnis müsste die „Orthosan GmbH" ca. 15.000 € (30 %) an Steuern zahlen.

Fall 76: Gewinnausschüttungen in der Organschaft

Die „Orthosan GmbH" erhielt aufgrund diverser eigener Beteiligungen Gewinnausschüttungen und Dividenden in Höhe von 100.000 €. Diese Ausschüttungen wurden in voller Höhe an die „Kavalier GmbH" weitergeleitet.

Wie ist der Sachverhalt zu beurteilen, wenn ...

a) Die „Kavalier GmbH" an der „Orthosan GmbH" beteiligt ist, ohne dass ein Organschaftsverhältnis vorliegt? Es erfolgen Gewinnausschüttungen in Höhe von 100.000 Euro.

b) Wie dargestellt, wenn ein Organschaftsverhältnis vorliegt.

zu a): Die Beteiligungserträge sind steuerfrei (§ 8b KStG). 5 % der Ausschüttung werden fiktiv als nicht abziehbare Betriebsausgaben berücksichtigt.

Zahlen Fall 75:

Orthosan GmbH

	Gewinn	50.000 €
+	Gewinnausschüttung	100.000 €
	vorläufiges Einkommen	150.000 €
./.	Korrektur da steuerfrei (§ 8b KStG)	100.000 €
+	nicht abziehbare Betriebsausgaben (5 % von 100.000 €)	5.000 €
	zu versteuerndes Einkommen	55.000 €

Kavalier GmbH

Die Ausschüttung der „Orthosan GmbH" ist steuerfrei (§ 8b KStG). Jedoch sind auch hier 5 % der Ausschüttung als nicht abziehbare Betriebsausgabe zu berücksichtigen.

	Verlust	./.	100.000 €
+	Gewinnausschüttung		100.000 €
	vorläufiges Einkommen		0 €
./.	Korrektur da steuerfrei (§ 8b KStG)		100.000 €
+	nicht abziehbare Betriebsausgaben		5.000 €
	„Neuer" Verlust		95.000 €

Durch die Weiterleitung der Ausschüttung erfolgt eine doppelte Hinzurechnung der nicht abziehbaren Betriebsausgaben. Es handelt sich hierbei um einen Kaskadeneffekt.

zu b): Liegt ein Organschaftsverhältnis vor, werden die Ausschüttungen nur beim Organträger versteuert (§ 15 KStG).

Orthosan GmbH

	Gewinn		50.000 €
	erhaltene Ausschüttung	+	100.000 €
	Zwischensumme		150.000 €
./.	Gewinnabführung an die „Kavalier GmbH"	./.	150.000 €
	zu versteuerndes Einkommen		0 €

Kavalier GmbH

	Verlust	./.	100.000 €
+	Gewinnabführung Orthosan GmbH	+	150.000 €
	Einkommen	+	50.000 €
	davon steuerfrei	./.	100.000 €
+	nicht abziehbare Betriebsausgabe	+	5.000 €
	zu versteuerndes Einkommen	./.	45.000 €

Minderheitsgesellschafter

Zur Anerkennung einer Organschaft ist „nur" eine Stimmrechtsmehrheit notwendig. Das bedeutet, dass neben dem Organträger als Beherrschender, noch weitere Gesellschafter vorhanden sein können.

Doch was geschieht mit diesen, wenn der gesamte Gewinn an den Organträger abgeführt werden muss ... ?

Was bleibt dann für die Minderheitsgesellschafter? Erhalten sie nie etwas vom Gewinn?

Das wäre äußerst ungerecht.

Aus diesem Grunde besteht eine gesetzliche Ausgleichsverpflichtung gegenüber Minderheitsgesellschaftern.

Was ist darunter zu verstehen?

Wird zwischen dem Organträger und der Organgesellschaft ein Gewinnabführungsvertrag abgeschlossen **und** existieren neben dem Organträger noch weitere Beteiligte an der Organgesellschaft, so wird im Gewinnabführungsvertrag eine Art Schadenersatzzahlung (Ausgleichszahlung) für den oder die Minderheitsgesellschafter vereinbart. Dabei handelt es sich zumeist um einen festen Betrag, der sich an den durchschnittlichen Gewinn der Vergangenheit orientiert.

Fall 77: Ausgleichszahlung an Minderheitsgesellschafter

An der „Orthosan GmbH" soll neben der „Kavalier GmbH" noch Herr Sauerteig mit 20% beteiligt sein. Mit Begründung des Organschaftsverhältnisses wurde für die Dauer des Organschaftsverhältnisses eine Ausgleichszahlung an ihn von jährlich 15.000 € vereinbart.

Wie ist der Sachverhalt zu beurteilen?

Die Ausgleichszahlung mindert in einem ersten Schritt den Gewinn der Organgesellschaft. Diese Ausgleichszahlung wird jedoch dem Gewinn nach Ermittlung des abzuführenden Gewinns als nicht abziehbare Betriebsausgabe hinzugerechnet und ist **stets** durch die Organgesellschaft zu versteuern.

Gewinn Orthosan GmbH		50.000 €
Ausgleichszahlung an Herrn Sauerteig	./.	15.000 €
Zwischensumme		35.000 €

An dieser Stelle ist eine Besonderheit zu beachten:

Zur Ermittlung der Höhe der Gewinnabführung und der Besteuerung ist nicht die Ausgleichszahlung selbst anzusetzen, sondern 20/17 der Zahlungsverpflichtung (§ 16 KStG).

Ausgleichszahlung 15.000 € × 20/17 = 17.647 €

Weshalb kommt es zu dieser „Bruchrechnung"?

Diese Korrekturberechnung erfolgt, weil die Organgesellschaft die Ausgleichszahlung an den Minderheitsgesellschafter stets selbst zu versteuern hat. Bei der Ausgleichszahlung handelt es sich um nichts weiter, als um eine Gewinnausschüttung an den Minderheitsgesellschafter. Wie wir wissen, dürfen jedoch Gewinnausschüttungen den Gewinn nicht mindern!

Der Bruch berücksichtigt neben der Ausgleichszahlung die darauf anfallende Körperschaftsteuer, bei einem derzeitigen Steuersatz von 15 % (siehe nachfolgendes Beispiel):

	Ermitteltes Einkommen nach Ausgleichszahlung	17.647 €
./.	Körperschaftsteuer (15 % Steuersatz × 17.647 €)	2.647 €
	verbleibt (=Ausgleichsverpflichtung)	15.000 €

Ermittlung der Gewinnabführung

Gewinn		50.000 €
Ausgleichsverpflichtung × 20/17	./.	17.647 €
Gewinnabführung an die Kavalier GmbH		32.353 €

Der Gewinn gliedert sich also folgendermaßen auf:

Gewinnabführung Orthosan GmbH	32.353 €
Ausgleichszahlung Minderheitsgesellschafter	15.000 €
Körperschaftsteuer für Ausgleichszahlung	2.647 €
Summe	50.000 €

Leitsatz 18

Die körperschaftsteuerliche Organschaft

Eine Organschaft wird **zwischen zwei Firmen** gebildet. Dabei **beherrscht** immer der **Organträger** die **Organgesellschaft**. Der Gewinn oder der Verlust der Organgesellschaft wird dem Organträger hinzugerechnet. Davon ausgenommen ist die Ausgleichszahlung an **Minderheitsgesellschafter**. Diese Ausgleichszahlung wird stets mit 20/17 der Zahlung bei der beherrschten Organgesellschaft versteuert. Die Ausgleichsverpflichtung ist bei der Organgesellschaft als nicht abziehbare Betriebsausgabe zu versteuern, weil es sich dabei de facto um eine Gewinnausschüttung an den Minderheitsgesellschafter handelt. Ein Besteuerungsgrundsatz ist jedoch, dass Gewinnausschüttungen den Gewinn nicht mindern dürfen. Der Organträger und die Organgesellschaft müssen jeweils Steuererklärungen einreichen.

Es handelt sich weiterhin um **selbständige Firmen**.

Lektion 9: Ausländische Einkünfte

Diese Lektion beschäftigt sich mit der inländischen Besteuerung der ausländischen Einkommensteile (so der Fachbegriff).

Fall 78: Expansion in das Ausland

Die „Merkur GmbH" mit Sitz in Saarlouis betreibt im Westen von Deutschland mehrere Supermärkte. Verstärkt kommen auch Franzosen als Einkaufskunden. Die Geschäftsleitung überlegt, ob Sie nicht nach Frankreich, mit ihrem offensichtlich erfolgreichen Erfolgskonzept, expandieren sollen.

Vorab möchten Sie gerne wissen, wo später die in Frankreich erzielten Einkünfte besteuert werden, in Frankreich oder in Deutschland?

Die „Merkur GmbH" ist in Deutschland unbeschränkt steuerpflichtig, da sich sowohl der Sitz als auch die Geschäftsleitung in Deutschland befinden (§ 1 Abs. 1 KStG).

Die unbeschränkte Körperschaftsteuerpflicht erstreckt sich auf die weltweit erzielten Einkünfte, das „Welteinkommen" der GmbH. (§ 1 Abs. 2 KStG).

Es werden also nicht nur die deutschen Einkünfte betrachtet (und besteuert), sondern auch die ausländischen Einkünfte, so ist zumindest die deutsche Sichtweise.

Jedes Land pocht jedoch auf sein Besteuerungsrecht, weil die Steuern im Regelfall das Staatswesen finanzieren.

Das bedeutet, erzielt die „Merkur GmbH" mit ihren Betriebsstätten (Supermärkten) Einkünfte in Frankreich, werden diese dort mit 33 1/3 % (französischer Körperschaftsteuersatz) belastet.

Würden diese Einkünfte ohne Berücksichtigung der gezahlten französischen Abgaben in Deutschland besteuert werden, ergäbe das eine Doppelbesteuerung.

Das ist jedoch nicht sachgerecht.

Aus diesem Grunde hat die Bundesrepublik Deutschland mit über 100 Staaten der Welt ein sogenanntes Doppelbesteuerungsabkommen (abgekürzt DBA) vereinbart.

Diese „Abkommen zur Vermeidung der Doppelbesteuerung" regeln

Erstens

das Besteuerungsrecht zwischen Deutschland und den jeweiligen Vertragspartner. Dabei bedeutet der Begriff Besteuerungsrecht: Welcher Staat ist berechtigt die erzielten Einkünfte zu besteuern?

Zweitens

wird in den Doppelbesteuerungsabkommen geklärt, ob und wie die gezahlte ausländische Steuer in Deutschland berücksichtigt wird.

Eine Besonderheit ist bei ausländischen Dividendeneinkünften (Gewinnausschüttungen) zu beachten (egal ob mit oder ohne Doppelbesteuerungsabkommen). Unabhängig von den Regelungen im Doppelbesteuerungsabkommen, sind diese ausländischen Dividendeneinkünfte für Kapitalgesellschaften immer steuerfrei gestellt.

Ganz steuerfrei sind diese Einkünfte jedoch nicht. Wie Sie in der Lektion 6 bereits gelernt haben, sind 5% der Ausschüttung fiktiv als nicht abziehbare Betriebsausgaben zu behandeln.

Doppelbesteuerungsabkommen können zwei Methoden der Steuerberücksichtigung enthalten:-

- die Freistellungsmethode

- die Anrechnungsmethode

Diese werden im folgenden nun dargestellt.

Die Freistellungsmethode

Die Freistellungsmethode stellt die ausländischen Einkommensteile steuerfrei. Das bedeutet, dass eine Besteuerung in Deutschland faktisch nicht mehr erfolgt.

Fall 79: Freistellungsmethode

Die „Global total GmbH“ mit Sitz in Aachen erzielte im vergangenen Jahr ein Einkommen in Höhe von 250.000 €. In diesem Ergebnis sind Einkünfte aus einer ausländischen Betriebsstätte in Höhe von 150.000 € enthalten. Die Freistellungsmethode soll zur Anwendung kommen.

Wie hoch ist das in Deutschland zu versteuernde Einkommen?

Das in Deutschland steuerpflichtige Einkommen beträgt 100.000 €

	Betrag	
	250.000 €	Gesamteinkommen
./.	150.000 €	Einkommen aus ausländischer Betriebsstätte
	100.000 €	zu versteuerndes Einkommen

Die Anrechnungsmethode

Die Anrechnungsmethode kommt zum Zuge, wenn die ausländischen Einkommensteile in Deutschland nicht steuerfrei gestellt, sondern auch besteuert werden.

Dabei sind zwei Verfahren möglich.

1. das Anrechnungsverfahren (Anrechnung der ausländischen Steuer) und

2. das Abzugsverfahren (Abzug der ausländischen Steuer wie eine Betriebsausgabe)

Angerechnet wird dabei die ausländische gezahlte Steuer auf die zu zahlende deutsche Körperschaftsteuer. Dabei sind folgende Besonderheiten zu beachten:

- die ausländische Steuer muss festgesetzt **und** bezahlt worden sein,

- eine Anrechnung erfolgt nur in Höhe der Körperschaftsteuer, die auf die ausländischen Einkommensteile entfällt.

Fall 80: Anrechnungsmethode

Wie der vorhergehende Fall, nur soll die Anrechnungsmethode zur Anwendung kommen.

An ausländischer Körperschaftsteuer wurde festgesetzt und bezahlt 50.000 €.

Es ist vorab die Höhe der deutschen Körperschaftsteuer zu ermitteln, die auf die ausländischen Anteile entfällt. Dazu wird folgende Verhältnisgleichung gebildet:

$$\text{Anrechenbare ausländische Steuer} = \frac{\text{dt. Körperschaftsteuer} \times \text{ausländische Einkünfte}}{\text{Einkommen}}$$

Der deutsche Körperschaftsteuersatz beträgt derzeit 15 %.

In unserem Beispiel fällt also eine Körperschaftsteuer in Höhe von 37.500 € an.

250.000 € × 15 % = 37.500 €

Gesucht wird die anrechenbare Steuer (X)

$$X = \frac{37.500\text{€ (deutsche Körperschaftsteuer)} \times 150.000 \text{ (ausländische Einmommensteile)}}{250.000 \text{ (Einkommen)}}$$

X = 22.500 €

Ausländische Körperschaftsteuer in Höhe von 22.500 € ist anrechenbar.

	Festgesetzte Körperschaftsteuer		37.500 €
./.	anrechenbare Körperschaftsteuer	./.	22.500 €
	Verbleibende Steuer		15.000 €

Es verbleibt bei einer Endbelastung durch ausländische gezahlte Steuer in Höhe von

	50.000 €	gezahlte Steuer
./.	22.500 €	anrechenbare Steuer
	27.500 €	

Dieses Ergebnis erscheint ungerecht. Daher wird an dieser Stelle ein Wahlrecht eingeräumt.

Wahlrecht bedeutet, dass mindestens zwei Methoden zur Ermittlung der Steuerbelastung zur Verfügung stehen.

Die Abzugsmethode

Statt der Anrechnung der ausländischen Steuer kann diese auch wie eine Betriebsausgabe vom Einkommen abgezogen werden.

Fall 81: Abzug ausländischer Steuer

Wie der vorhergehende Fall, statt der Anrechnungsmethode soll jedoch die Abzugsmethode angewandt werden.

	Einkommen:	250.000 €
./.	gezahlte ausländische Steuer	50.000 €
	zu versteuern	200.000 €

Es bleibt bei einer steuerlichen Belastung von 30.000 € (200.000 € × 15 % Körperschaftsteuersatz).

Gegenüber der Anrechnungsmethode wäre die „Global Total GmbH" um 15.000 € schlechter gestellt. Sie würde auf ihr Wahlrecht verzichten.

Doch wann würde sich das Wahlrecht zugunsten der Abzugsmethode auswirken?

Stellen Sie sich dazu einen modifizierten Sachverhalt der „Global Total GmbH" vor.

Der Gewinn aus der ausländischen Betriebsstätte beträgt weiterhin 150.000 €. Jedoch wurde in Deutschland ein Verlust in Höhe von 150.000 € erzielt. Per Saldo ergibt sich also eine „schwarze Null".

Anrechnungsverfahren

Einkommen 0 € × 15 % (Steuersatz)= 0 €

$$X = \frac{0\ € \times 150.000\ €}{50.000\ €} = 0\ €$$

Die anrechenbare Steuer würde 0 € betragen. Sie entfiele somit in voller Höhe.

Abzugsverfahren

	Einkommen		0 €
./.	gezahlte ausländische Steuer		50.000 €
	Verlust	./.	50.000 €

Dieser Verlust ist sowohl rücktrags- als auch vortragsfähig.

Nehmen wir an, die „Global total GmbH" erzielt im nächsten Jahr einen Gewinn von 50.000 €.

Auf diesen Gewinn müssten 7.500 € Körperschaftsteuer (15 %) gezahlt werden. Jetzt kommt der Verlustvortrag ins Spiel. Der Verlust (aus dem Fallbeispiel) in Höhe von 50.000 € wird mit dem im Folgejahr erzielten Gewinn saldiert. Der Gewinn „verschwindet", es fällt keine Steuer an.

Das gleiche Spiel würde mit einem Gewinn des Vorjahres funktionieren. Die für das Vorjahr bezahlte Körperschaftsteuer würde entsprechend zurückerstattet werden.

Sie haben nämlich die Wahl den Verlust ein Jahr zurückzutragen, oder ins nächste Jahr vorzutragen (dazu mehr in der nachfolgenden Lektion).

Eine Besonderheit ist zu beachten, wenn in dem ausländischen Einkommen steuerfreie Bestandteile enthalten sind.

Fall 82: Steuerfreie ausländische Einkünfte

Die „Global total GmbH" hat in der ausländischen Betriebsstätte neben den bereits genannten Gewinn von 150.000 € weiteres steuerfreies Einkommen (ausländische Investitionszulage) in Höhe von 50.000 €.

Übersicht 10: Besteuerung ausländischer Einkommensteile *mit* vorliegenden Doppelbesteuerungsabkommen

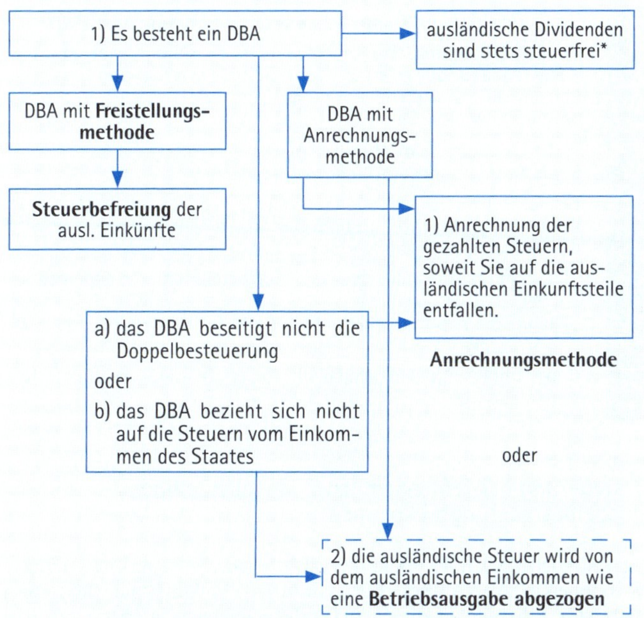

* 5 % der Einnahmen werden fiktiv als nicht abziehbare Betriebsausgaben behandelt.

Wie ist dieses zu berücksichtigen?

Für die Berechnung der anrechenbaren Steuer sind die steuerfrei gestellten ausländischen Einkunftsteile ohne Bedeutung. Es verbleibt also bei ausländischen Einkünften von 150.000 € und einer anrechenbaren Steuer in Höhe von 22.500 €.

Leitsatz 19

Wie funktionieren Doppelbesteuerungsabkommen (DBAs)?

Doppelbesteuerungsabkommen werden **zwischen zwei Staaten** abgeschlossen, um eine zweifache Besteuerung ein und desselben Einkommens zu vermeiden. Grundsätzlich erfolgt diese Vermeidung durch zwei Methoden:

1. die **Freistellungsmethode** und
2. die **Anrechnungsmethode**.

Bei der Freistellungsmethode werden die ausländischen Einkünfte in Deutschland steuerfrei gestellt. Bei der Anrechnungsmethode wird die ausländische gezahlte Körperschaftsteuer entweder

a) auf die zu zahlende deutsche Körperschaftsteuer angerechnet oder
b) kann vom ermittelten Gewinn wie eine Betriebsausgabe abgezogen werden.

Dabei finden nur die tatsächlich steuerpflichtigen Einkünfte Berücksichtigung.

Besteuerung bei fehlendem bzw. „unvollständigem" Doppelbesteuerungsabkommen

Besonderheit: Es kann vorkommen, dass zwar ein Doppelbesteuerungsabkommen existiert, dieses aber nicht für alle Einkunftsteile die Doppelbesteuerung beseitigt bzw. nicht für die erhobenen Ertragsteuern (Einkommensteuer oder Körperschaftsteuer) des Vertragsstaates gilt.

Zum Beispiel könnten in einem Doppelbesteuerungsabkommen nur die Zinseinkünfte (oder Dividendenzahlungen) mit entsprechender Anrechnung der gezahlten Abzugssteuern behandelt werden.

Wie funktioniert in dem Fall die Vermeidung der Doppelbesteuerung?

Sollte ein solcher Sachverhalt vorliegen, greifen sinngemäß die Regelungen der Anrechnungsmethode.

Das bedeutet, die GmbH hat das oben beschriebene Wahlrecht zwischen der Anrechnung der gezahlten Steuern (wenn diese der deutschen Körperschaftsteuer entsprechen) oder dem Abzug der gezahlten Steuern als Betriebsausgabe.

Es gibt jedoch auch Länder, mit denen Deutschland überhaupt kein Doppelbesteuerungsabkommen abgeschlossen hat.

Wie ist in solchen Fällen die Besteuerung geregelt?

Hier sind drei Konstellationen zu unterscheiden:

1. Die erhobene Steuer entspricht der Systematik nach der Körperschaftsteuer (das heißt der Ertrag/das Einkommen wird besteuert) und die Steuer wurde von dem einkünfterelevanten Staat erhoben oder

2. die ausländische Steuer entspricht nicht der deutschen Körperschaftsteuer oder

3. die ausländische Steuer entspricht zwar der deutschen Körperschaftsteuer, aber der Staat der die Steuern erhebt, ist nicht der Staat aus dem die Einkünfte stammen.

Trifft die Konstellation 1 zu, dann können diese Einkünfte so besteuert werden, als wenn ein Doppelbesteuerungsabkommen mit Anrechnungsmethode existieren würde.

Bei der Konstellation 2 bzw. 3 kommt jedoch nur der Abzug der veranlagten und gezahlten Körperschaftsteuer in Betracht.

Ein paar einfache Fälle sollen helfen, sich wieder zu Recht zu finden.

Fall 83: Fehlendes DBA- Steuerkonformität

Die „Welthandels GmbH“ mit Sitz in Bonn erzielte im vergangenen Jahr mit einer ausländischen Betriebsstätte in Belize (Mittelamerika - kein DBA), Einkommen in Höhe von 25.000 €. Dieses Einkommen wurde durch Belize mit einer der deutschen Körperschaftsteuer ähnlichen (Ertrag-)Steuer besteuert (bezahlt 5.000 €).

Wie erfolgt die Besteuerung in Deutschland?

Die in Belize bezahlte Steuer entspricht der deutschen Körperschaftsteuer. Die Steuer wurde von dem Staat erhoben, in dem die Gewinne erzielt wurden. Es wird also fiktiv angenommen, dass ein Doppelbesteuerungsabkommen mit Anrechnungsmethode existiert.

Die „Welthandels GmbH“ hat somit ein Wahlrecht, ob das Anrechnungsverfahren oder das Abzugsverfahren gelten soll.

Beim Anrechnungsverfahren erfolgt die Anrechnung der gezahlten Steuer (5.000 €) auf die deutsche Körperschaftsteuer. Dabei darf die Anrechnung nur in Höhe der auf diese Einkünfte zu zahlenden deutschen Steuer erfolgen.

Beim Abzugsverfahren wird die gezahlte Steuer wie eine Betriebsausgabe vom Gewinn abgezogen.

Fall 84: Fehlendes DBA - keine Steuerkonformität

Neben den Einkünften aus Belize erzielt die „Welthandels GmbH“ einen weiteren Gewinn in Höhe von 25.000 € aus Grenada. Dort muss die Gesellschaft eine 5%-ige Steuer auf das inländische Betriebsvermögen (1.250 €) bezahlen. Es handelt sich also um keine der deutschen Körperschaftsteuer ähnliche Ertragsteuer, sondern um eine Substanzsteuer (besteuert wird die Substanz/das Vermögen der GmbH). Wie ist der Sachverhalt zu beurteilen?

Die gezahlte Steuer ist vom Gewinn wie eine Betriebsausgabe abzuziehen. Die Gesellschaft hat kein Wahlrecht und besteuert in Deutschland den ausländischen Betriebsstättengewinn in Höhe von 23.750 € (25.000 € ./. 1.250 €).

Wann käme Konstellation drei zum Tragen?

Konstellation drei bedeutet, die Steuer entspricht von der Systematik nach der deutschen Körperschaftsteuer, aber der Staat der die Steuer erhebt ist nicht der Staat, in dem die Betriebsstätte existiert.

Übersicht 11: Besteuerung ausländischer Einkommensteile *ohne* vorliegendes Doppelbesteuerungsabkommen

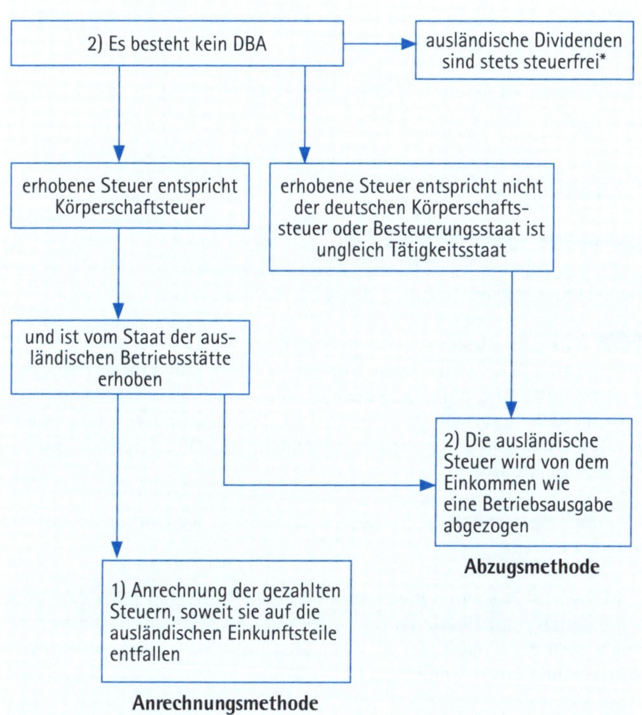

* 5% der Einnahmen werden fiktiv als nicht abziehbare Betriebsausgaben behandelt.

Fall 85: III – Steuer wird vom anderen Staat erhoben

Die „Welthandels GmbH" war zudem äußerst erfolgreich auf den Sankt Edwards Inseln. Die Besteuerung für diesen Archipel übernimmt das Vereinigte Königreich Großbritannien. An Steuern mussten (bei einem Gewinn von 10.000 €) 500 € bezahlt werden. Die Steuer entspricht der deutschen Körperschaftsteuer.

In diesem Fall ist die Körperschaftsteuer ebenfalls nur wie eine Betriebsausgabe abziehbar. In Deutschland müssten also 10.000 € ./. 500 € = 9.500 € besteuert werden.

Die Übersichten 10 und 11 bringen hier Ordnung in die Fülle der Regelungen.

Ausländische Verluste

Bis hierher haben wir uns nur mit den positiven ausländischen Einkommensteilen (sprich den Gewinnen) beschäftigt. Doch wie sieht die Besteuerung aus, wenn Verluste im Ausland erzielt werden?

Fall 86: Ausländische Verluste

Die „Welthandels GmbH" musste im vergangenen Jahr eine Betriebsstätte in Kenia aufgrund aufkommender Unruhen überstürzt schließen. Dabei fiel ein nicht unerheblicher Verlust an. Die Geschäftsführung möchte vorab wissen, wie diese Verluste allgemein zu behandeln sind. Können Sie weiterhelfen?

Allgemein lassen sich die Verluste ausländischer Einkunftsteile wie folgt unterscheiden:

Sind die ausländischen positiven Einkünfte (Gewinne) nach dem abgeschlossenen Doppelbesteuerungsabkommen steuerfrei (Freistellungsmethode wird angewandt), so gilt das auch für die Verluste. Es erfolgt keine Verrechnung mit inländischen Gewinnen.

Und wie ist zu verfahren, wenn die Anrechnungs- bzw. Abzugsmethode zur Anwendung kommt?

Dann gilt es zwei Hauptgruppen zu unterscheiden:

1. Die Verluste sind in einem Staat innerhalb der europäischen Gemeinschaft bzw. des Europäischen Wirtschaftsraumes (Österreich, Dänemark etc.) angefallen.

2. Die Verluste sind in einem Staat außerhalb des europäischen Wirtschaftsraumes, der Europäischen Gemeinschaft angefallen (Schweiz, China, Japan etc.)

zu 1. Die Verluste die in einem Staat der Europäischen Gemeinschaft bzw. des Europäischen Wirtschaftsraumes angefallen sind, sind mit den in Deutschland erzielten Einkommen ausgleichsfähig.
zu 2. Verluste die in einem Staat angefallen sind, der sich außerhalb des Europäischen Wirtschaftsraumes, der Europäischen Gemeinschaft befindet, sind nur stark eingeschränkt ausgleichsfähig.

Der deutsche Gesetzgeber unterscheidet bei ausländischen Verlusten zwischen *„guten“* und *„schlechten“* Verlusten.

„Gute“ Verluste sind:

- Verluste aus gewerblichen Betriebsstätten (Fabrik o.ä. im Ausland), soweit diese Betriebsstätten Waren herstellen oder liefern (außer Waffenproduktion und Vertrieb von Waffen)

- Gewinnung von Bodenschätzen

- Bewirkung von gewerblichen Leistungen (außer im Fremdenverkehr/Tourismus, Verpachtung von Wirtschaftsgütern und Überlassung von Rechten und ähnlichem)

Diese Verluste sind mit den inländischen Gewinnen ausgleichsfähig. Betreibt die Gesellschaft nicht selbst eine Betriebsstätte der genannten Art, sondern ist an einer Gesellschaft zu mindestens 25% beteiligt, die in den dargestellten Umfang tätig ist, so sind diese Verluste ebenfalls begünstigt. Ist die GmbH zu weniger als 25% beteiligt, entfällt die Begünstigungsregelung.

„Schlechte" Verluste sind

- alle anderen Verluste, die bei den *„guten"* Verlusten nicht aufgeführt wurden.

Die Verlustabzugsbeschränkung für „schlechte" Verluste erfolgt in drei Prüfschritten:

1. Die Verluste können mit Gewinnen derselben Art aus demselben Staat im aktuellen Jahr ausgeglichen werden.

2. Ist das nicht möglich, erfolgt eine Rücktrag in das Vorjahr. Waren Gewinne im gleichen Staat und von derselben Art angefallen, reduziert der Verlust den Gewinn des Vorjahres. Es erfolgt eine Korrektur des Vorjahres.

3. Ist das nicht möglich, werden die Verluste gesondert festgestellt (aufgeschrieben) und können mit zukünftigen Gewinnen aus demselben Staat und derselben Einkunftsart ausgeglichen werden.

Was bedeuten diese Regelungen nun für die Praxis?

Fall 87: Verlustbeschränkung ausländischer Einkünfte

Die „worldwide business GmbH" mit Sitz in Seifhennersdorf erzielte im vergangenen Jahr folgende ausländische Einkünfte.

1. ./. 20.000 € Verlust aus der Produktion von Seidentüchern (Betriebsstätte in Peking; China)

2. 15.000 € Gewinn durch die Produktion von Olympiasouvenirs (Betriebsstätte in Szechuan, China)

3. ./. 5.000 € Verlust aus der Vermietung einer Immobilie in Chengdu (China)

4. 5.000 € Gewinn aus der Vermietung einer Immobilie in Tokio (Japan)

Im Vorjahr erzielte die GmbH aus der Vermietung in Tokio einen kleinen Verlust von 3.000 €. Alle anderen Sachverhalte treten erstmals in dem betreffenden Jahr auf.

Wie sind diese Einkünfte bei der deutschen Besteuerung zu berücksichtigen?

Der Verlust aus der Produktion von Seidentüchern (1) ist mit dem Gewinn aus der Produktion von Olympiasouvenirs (2) ausgleichsfähig. Es handelt sich um die Produktion bzw. die Lieferung von Waren. Es ist ein aktives gewerbliches Unternehmen und beide Betriebsstätten liegen im selben Staat (China). Es verbleibt bei einem Verlust von 5.000 € (Gewinn 15.000 € ./. Verlust 20.000 €). Dieser Verlust wird gesondert festgestellt und ins Folgejahr vorgetragen.

Der Verlust aus der Vermietung (3) ist nicht ausgleichsfähig. Es handelt sich nicht um einen begünstigten Verlust. Dieser Verlust wird gesondert festgestellt und ins Folgejahr vorgetragen und ist mit eventuell anfallenden zukünftigen Gewinnen aus der Vermietung in China ausgleichsfähig.

Der in Japan angefallene Gewinn aus der Vermietung in Höhe von 5.000 € (4) entspricht zwar in seiner Art dem vorhergehendem Sachverhalt. Es handelt sich jeweils um Einkünfte aus Vermietung und Verpachtung. Jedoch stammen diese Einkünfte aus unterschiedlichen Staaten und sind daher nicht untereinander ausgleichsfähig. Allerdings mindert sich der Gewinn von 5.000 € um den im Vorjahresverlust von 3.000 €, so dass es effektiv bei einem Gewinn von 2.000 € verbleibt. Dieser ist in Deutschland zu besteuern.

Wichtig! *In einer vorhergehenden Lektion haben Sie gelernt, dass per Fiktion alle Einkünfte der GmbH als Einkünfte aus Gewerbebetrieb behandelt werden. Diese Fiktion gilt jedoch nicht für die ausländischen Einkommensteile. Das bedeutet, haben Sie mit Ihrer Gesellschaft ausländische Vermietungseinkünfte, werden diese in nicht zu „guten“ gewerblichen Verlusteinkünften. Das Vermietungsobjekt wird keine gewerbliche Betriebsstätte!*

Übersicht 12: Berücksichtigung ausländischer Verluste in Deutschland

1			Laut DBA sind die Einkünfte des Staates steuerfrei zu belassen ➡ kein Ansatz in Deutschland (Freistellungsverfahren)
2			Laut DBA sind die Einkünfte in Deutschland zu berücksichtigen (Anrechnungs-/Abzugsmethode)
	2 a		Die Verluste stammen aus der EG /EWR (Frankreich, Ungarn etc.) ➡ die Verluste sind mit deutschen Gewinnen ausgleichsfähig
	2 b		Die Verluste entstammen aus einem Staat außerhalb der EG/EWR Unterscheidung nach „guten" und „schlechten" Verlusten
		2 ba	Es handelt sich um („gute") Verluste die aus einer produzierenden oder liefernden ausländischen gewerblichen Betriebsstätte stammen. (Einschränkungen Waffen, Tourismus, Verpachtung beachten) ➡ in Deutschland ausgleichsfähig nach Verrechnung mit laufenden gleichartigen Gewinnen bzw. Verlustrücktrag ins Vorjahr)
		2 bb	Es handelt sich um andere (um „schlechte") Verluste ➡ Verluste sind mit Gewinnen der gleichen Art und aus denselben Staat stammend ausgleichsfähig ➡ wenn kein Gewinn angefallen dann mit Gewinnen aus dem Vorjahr ausgleichen ➡ wenn im Vorjahr auch keine Gewinne angefallen sind, werden die Verluste festgestellt und mit zukünftigen Gewinnen derselben Art und aus demselben Staat später ausgeglichen

Leitsatz 20

Die Berücksichtigung ausländischer Verluste

1. Verluste aus ausländischen Einkommensteilen werden **nicht** berücksichtigt, **wenn** diese Einkünfte durch ein Doppelbesteuerungsabkommen **steuerfrei** gestellt werden.
2. Werden diese Einkommensteile durch das Anrechnungs- bzw. Abzugsverfahren in Deutschland berücksichtigt, wird zwischen **EG/EWR**-Verlusten und Verluste aus anderen Staaten unterschieden. Verluste aus einem Mitgliedsstaat der Europäischen Gemeinschaft (EG) oder des europäischen Wirtschaftsraumes (EWR) sind in Deutschland **ausgleichsfähig**.
3. Verluste aus anderen Staaten werden in „**gute**" und „**schlechte**" Verluste unterschieden. Die „guten" Verluste sind sofort **ausgleichsfähig**. Bei „schlechten" Verlusten sind Ausgleichs- und Abzugsbeschränkungen zu beachten.

Lektion 10: Verlustabzug und Verlustvernichtung

Verlustabzug (§ 10d EStG)

Ein Besteuerungsgrundsatz ist die Besteuerung nach der Leistungsfähigkeit. Um dieses Ziel zu erreichen, wird der Grundsatz der Abschnittsbesteuerung (Jahresbesteuerung) mit der Berücksichtigung des Verlustvortrages gemäß § 10d EStG durchbrochen. Werden Verluste erzielt (die Ausgaben sind höher als die Einnahmen) und können die Verluste im Entstehungsjahr nicht mit Gewinnen ausgeglichen werden, werden die Verluste in ein anderes Jahr übertragen.

Verlustrücktrag

§ 10d EStG besagt, das im aktuellen Jahr nicht ausgeglichene Verluste bis zu einer Höhe von 511.500 € ein Jahr zurückgetragen werden können, um die im Vorjahr angefallenen Gewinne auszugleichen. Dieser Rücktrag erfolgt nur auf Antrag. Dabei kann auch die Höhe des Rücktrags (zwischen 1 € und 511.500 €) individuell bestimmt werden.

Verlustvortrag

Ist ein Rücktrag nicht möglich oder gewollt, werden die Verluste mit einem gesonderten Verlustfeststellungsbescheid festgestellt und zeitlich unbegrenzt vorgetragen.

Eine weitere Einschränkung existiert bei der Höhe des Verlustausgleichs in den folgenden Jahren.

Zukünftige Gewinne sind bis zu jeweils 1 Million Euro unbeschränkt, darüber hinaus anteilig zu 60 % abziehbar.

Fall 88: Verlustabzug

Die „Auf und Ab GmbH“ erzielte aufgrund umfangreicher Fehleinkäufe im Jahr 01 einen Verlust von 3.000.000 €. Im Vorjahr 00 erzielte sie einen Gewinn von 600.000 €, im Folgejahr 02 einen Gewinn von 2.000.000 €.

Wie erfolgt der günstigste Verlustausgleich?

Auf Antrag können bis zu 511.500 € Verlust mit dem Gewinn des Vorjahres verrechnet werden. Es verbleibt somit für das Jahr 00 ein Gewinn von

	Ursprünglicher Gewinn 00	600.000 €
./.	Verlustrücktrag aus 01	511.500 €
	verbleibender Gewinn	88.500 €

Somit sind noch Verluste in folgender Höhe vortragsfähig.

Verlust 01	3.000.000 €
./. Verlustrücktrag nach 00	511.500 €
vortragsfähiger Verlust nach 02	2.488.500 €

Im Jahr 02 können die Verluste bis zu 1.000.000 € unbeschränkt mit dem erzielten Gewinn verrechnet werden. Der über 1.000.000 € hinaus gehende Gewinn ist nur noch zu 60 % ausgleichsfähig.

Ursprünglicher Gewinn 02		2.000.000 €
Verlustausgleich I	./.	1.000.000 €
Zwischensumme		1.000.000 €
./. Verlustausgleich II (60 % von 1.000.000 €)		600.000 €
zu versteuernder Gewinn 02		400.000 €

Der in das Jahr 03 vortragsfähige Verlust beläuft sich somit auf

festgestellter Verlust 01		2.488.500 €
Verlustausgleich I (02)	./.	1.000.000 €
Verlustausgleich II (02)	./.	600.000 €
ins Jahr 03 vortragsfähig		888.500 €

Sie sehen, durch die jahresübergreifende Verlustberücksichtigung lassen sich die Gewinne etwas „glätten“.

Leitsatz 21

Der Verlustausgleich

Verluste werden, soweit sie im Entstehungsjahr nicht ausgleichsfähig sind, auf Antrag ins Vorjahr zurückgetragen. Der **Rücktrag** ist auf 511.500 € **begrenzt**. Verluste können unbegrenzt vorgetragen werden. **Zukünftige Gewinne** können jedoch nur pro Jahr mit 1 Millionen € darüber hinaus mit **60 %** des verbleibenden Gewinns ausgeglichen werden.

Unverhofft kommt oft, denn eine gravierende Verlustvernichtung ergibt sich aus den Regelungen beim Anteilseignerwechsel.

Wegfall des Verlustvortrags § 8c KStG

Im Geschäftsleben kommt es des Öfteren vor, dass Anteile an GmbHs veräußert werden. Die Veräußerung kann die unterschiedlichsten Ursachen haben. Hat die veräußerte Gesellschaft zum Zeitpunkt der Veräußerung einen Verlustvortrag kann dieser ganz oder teilweise wegfallen. Er wird gestrichen und ist somit nicht mehr mit zukünftigen Gewinnen ausgleichsfähig.

Dieser Einschnitt greift, wenn eine der nachfolgenden Bedingungen erfüllt ist.

- Werden innerhalb von fünf Jahren mehr als 25 % der Anteile an Personen eines Erwerberkreises veräußert, sind in dem Umfang der erfolgten Veräußerung die festgestellten Verlustvorträge nicht mehr von Gewinnen abziehbar.

- Werden innerhalb von fünf Jahren mehr als 50 % der Anteile an Personen eines Erwerberkreises veräußert, so ist der gesamte Verlustvortrag nicht mehr von den künftigen Gewinnen abziehbar.

Doch was bedeutet der Begriff „Personen eines Erwerberkreises“?

- Grundfall I: Eine Person erwirbt mehr als 25 % der Anteile innerhalb eines fünf-Jahres-Zeitraumes.

- Grundfall II: Eine Person und ihm nahestehende Personen erwerben mehr als 25 % der Anteile innerhalb des fünf-Jahre-Zeitraumes. Als nahestehend wird die Definition aus dem Komplex der verdeckten Gewinnausschüttung verwendet (siehe Leitsatz 10).
- Grundfall III: Einander nicht nahestehende Personen aber Personen mit gleichgerichteten Interessen an der Firma erwerben mehr als 25 % der Anteile innerhalb des Fünf-Jahre-Zeitraumes.

Als Personen gelten natürliche und juristische Personen.

Der Betrachtungszeitraum von fünf Jahren beginnt mit der ersten Veräußerung.

Fall 89: Schädlicher Anteilsverkauf

An der „Mosaik GmbH" sind Herr Hegen mit 30 %, Herr Dig mit 18 %, Herr Dag mit 25 % und Herr Digedag mit 27 % beteiligt. Die Firma hat einen festgestellten Verlustvortrag in Höhe von 500.000 €.

Am 01.05.01 verkauft Herr Hegen 15 % seiner Anteile an Herrn Abrax, Am 02.05.02 verkauft Herr Dig seinen gesamten Anteil an Herrn Brabax (18 %). Am 01.05.03 verkaufen Herr Hegen (15 %) und Herr Dag (25 %) ihre gesamten Anteile an Herrn Califax.

Abrax, Brabax und Califax sind Cousins.

Was für Auswirkungen haben die Veräußerungen auf den Verlustvortrag?

Die Veräußerung im Jahr 01 ist für den Verlustvortrag unschädlich. Es wurden weniger als 25 Prozent der Anteile veräußert. Der Prüfzeitraum von fünf Jahren beginnt mit der Veräußerung am 01.05.01.

Mit der Veräußerung im Jahr 02 wurde die schädliche Grenze von 25 % überschritten. Die Käufer gehören zu einem Erwerberkreis, weil sie als Verwandte als nahestehende Personen gelten.

Der Verlustvortrag in Höhe von

Verkauf im Jahr 01	15 %

Verkauf im Jahr 02	18 %
Insgesamt	33 %

wird gestrichen.

33 % × 500.000 € = 165.000 €.

Mit der weiteren Veräußerung im Jahr 03 wurde auch die zweite Ausschlussgrenze von 50 % überschritten. (33 % + 15 % + 25 % = 73 %). Der gesamte noch verbleibende Verlustvortrag von 345.000 € entfällt mit der schädlichen Anteilsübertragung im Jahr 03.

Leitsatz 22

Der Wegfall des Verlustvortrages

Der Gesellschafterwechsel in einer GmbH kann zum Wegfall (Untergang) des Verlustvortrags führen.

Folgende Bedingungen müssen eintreten:

- Die Übertragung erfolgt an Personen eines **„Erwerberkreises"**
- Es werden alle Anteilsübertragungen innerhalb eines **Fünf-Jahreszeitraumes** betrachtet.
- Werden mehr als **25 %** der Anteile übertragen, entfällt der Verlust **quotal** entsprechend der Veräußerungshöhe
- Werden mehr als **50 %** der Anteile veräußert, entfällt der Verlustvortrag **zur Gänze**.

Keine Voraussetzung ist, dass die Übertragung entgeltlich erfolgt. Auch im Falle einer Schenkung kann der Verlustvortrag entfallen.

Hinweis: *Für Zinsvorträge aufgrund der „Zinsschranke" (Lektion 6 „nicht abziehbare Betriebsausgaben") gelten die gleichen Regelungen. Kommt es zu einem schädlichen Gesellschafterwechsel, werden die vorgetragenen Zinsen ebenfalls gekürzt.*

Sogar Kapitalerhöhungen können zum Wegfall der Verlustvorträge führen

Fall 90: Kapitalerhöhung und der Verlustvortrag

Die Gesellschafter der „Pumpjam GmbH" beschließen Ihr bestehendes Stammkapital von derzeit 100.000 € auf 150.000 € zu erhöhen. Das neue

Kapital soll Herr Frisch einzahlen, der bisher nicht an der Gesellschaft beteiligt war. Welche Auswirkungen hat die Kapitalerhöhung auf den bestehenden Verlustvortrag von 100.000 €?

Zur Berechnung der Änderung am Gesellschafterbestand wird auf das Kapital nach der Erhöhung herangezogen.

Stammkapital nach Erhöhung	150.000 €	100,00 %
davon Herr Frisch	50.000 €	33,33 %

Ein Verlustvortrag in Höhe von 33.333 € geht durch die Kapitalerhöhung verloren.

Steuertipp: *Die Vernichtung der Verlustvorträge kann für die Gesellschaft und die verbleibenden Gesellschafter eine enorme finanzielle Belastung darstellen. Aus diesem Grunde sollte im Gesellschaftsvertrag stets eine Kompensationsverpflichtung aufgenommen werden, dass die ausscheidenden Gesellschafter zum Schadenersatz verpflichtet sind, sollten innerhalb des 5-jährigen Betrachtungszeitraumes Verlustvorträge durch den Verkauf ihrer Gesellschaftsanteile „vernichtet“ werden.*

In zwei Konstellationen werden die Regelungen des § 8c KStG „ausgehebelt“.

Konstellation 1
Im Betriebsvermögen der GmbH sind „stille Reserven“ enthalten.

Konstellation 2
Die GmbH wurde in Sanierungsabsicht erworben.

Wie erfolgt hier die Anwendung?

Fall 91: Die stillen Reserven

Die Flores Blumensamen GmbH hat ein bilanzielles Betriebsvermögen von 80.000 € und einen Verlustvortrag von 60.000 €. Im Jahr 02 werden die gesamten Anteile für 150.000 € an Herrn Blumenthal veräußert. Wie ist der Sachverhalt hinsichtlich des Verlustvortrages zu beurteilen?

Lösung:

In Höhe des Unterschiedsbetrags zwischen Wert des Betriebsvermögens (80.000 €) und gezahlten Kaufpreis (150.000 €) werden stille Reserven (Firmenwert, Anlagevermögen) unterstellt.

Ein anteiliger Verlustvortrag von 70.000 € („aufgedeckte" stille Reserven) bleibt erhalten. 30.000 € Verlustvortrag werden „gestrichen".

Der Erwerb in Sanierungsabsicht und die damit verbundene Verschonung der Verlustvernichtung setzt folgende Maßnahmen voraus:

- Es existiert eine geschlossene Betriebsvereinbarung mit Arbeitsplatzregelung oder
- die gezahlten Löhne in den nächsten fünf Jahren müssen mindestens 80% der bis zum Anteilsverkauf gezahlten Löhne entsprechen. Im Klartexte bedeutet dass: Nach dem Verkauf müssen die Arbeitsplätze zumindest erhalten bleiben. Ein radikaler Abbau würde den Verlustvortrag rückwirkend eliminieren.
- Als letzte Alternative kann die Sanierungsabsicht auch über neues Betriebsvermögen nachgewiesen werden. Dazu muss eine Erhöhung der neuen Eigentümer um mindestens 25 Prozent erfolgen.

Auch wenn die oben genannten Punkte zutreffen sollten; erfolgt innerhalb von fünf Jahren ein Branchenwechsel, bzw. hat die Gesellschaft vor dem Verkauf ihre Geschäftstätigkeit im Wesentlichen eingestellt, ist alle Anstrengung für die Katz. Ein eventueller Verlustvortrag wird nicht berücksichtigt.

Hinweis: *Die Europäische Kommission hat die deutsche Sanierungsklausel als verbotene wirtschaftliche Subvention beurteilt und Deutschland aufgefordert, diese Regelung auch für die Vergangenheit aufzuheben. Dagegen hat die Bundesrepublik geklagt. Solange kein endgültiges Urteil vorliegt, werden die Sanierungsprivilegien angewendet. Es besteht natürlich ein erhebliches wirtschaftliches Risiko, sollte sich die Europäische Kommission mit ihrer Meinung durchsetzen.*

III. GmbH und Gewerbesteuer

Lektion 11: Die Besteuerung des Gewerbeertrages

In der Lektion 1 erfuhren Sie, dass neben der Körperschaftsteuer auch die Gewerbesteuer den Ertrag (das Einkommen) der GmbH besteuert. Die Gewerbesteuer ist eine Gemeindesteuer. Das bedeutet, die Gewerbesteuer wird durch die Gemeinde erhoben und angefordert. Die Gewerbesteuer dient der Gemeinde als „Entschädigung" für die stärkere Beanspruchung der vorhandenen Infrastruktur (Straßen etc.) durch Betriebe und Fabriken. Deshalb werden auch die mit einer ausländischen Betriebsstätte erzielten Gewinne nicht zur Gewerbesteuer herangezogen (§ 9 Nr. 3 GewStG)!

Fall 92: Fiktion des Gewerbebetriebes

Herr Wahl, Geschäftsführer der „Gute Wahl-Rechtsanwalts GmbH" mit Sitz in Hamburg, kommt verzweifelt zu ihnen. Das erste Geschäftsjahr ist vorbei und plötzlich erhält er vom Finanzamt einen Vorauszahlungsbescheid zur Gewerbesteuer.

Er führt jedoch als Rechtsanwalt eine freiberufliche Tätigkeit gemäß § 18 EStG aus und als Freiberufler muss er doch keine Gewerbesteuer zahlen. Können Sie ihn aufklären?

Einkünfte aus selbständiger Tätigkeit gemäß § 18 EStG (zu denen gehören auch die freiberuflichen Tätigkeiten) unterliegen nicht der Gewerbesteuer.

Jedoch existiert in der Gewerbesteuer ebenfalls wie in der Körperschaftsteuer die Fiktion, dass die GmbH als Kapitalgesellschaft immer gewerbliche Einkünfte erzielt (§ 2 Abs. 2 GewStG), Das gilt auch, wenn „klassische" selbständige Tätigkeiten in der Rechtsform einer GmbH betrieben werden. Herr Wahl hat also keine Wahl und muss die Gewerbesteuer bezahlen.

Die Gewerbesteuerpflicht beginnt mit der Aufnahme der „werbenden" Tätigkeit und endet mit deren Einstellung. Unter einer werbenden Tätigkeit wird der Marktauftritt nach außen verstanden. Bloße Vorbereitungshandlungen (Einrichtung des Büros vor Eröffnung des Betriebes) unterliegen nicht der Gewerbesteuerpflicht.

Es erfolgt also die Besteuerung des Gewerbebetriebes. Hat dieser aber mehrere Betriebsstätten (Betriebsteile) in verschiedenen Gemeinden erfolgt eine Aufteilung des Gewerbeertrages (gewerbesteuerlicher Gewinn) auf die verschiedenen Gemeinden.

Steuerbefreiungen in der Gewerbesteuer

Analog zur Körperschaftsteuer existieren in der Gewerbesteuer zahlreiche Befreiungstatbestände. Bevor also die gewerbesteuerliche Bemessungsgrundlage ermittelt wird, ist zu prüfen, ob die Gesellschaft nicht von der Gewerbesteuer befreit ist.

Von der Gewerbesteuer befreit (§ 3 GewStG) sind z.B.:

- Bundeseisenbahn, staatliche Lotterieunternehmen, öffentliche Spielbanken
- die im Staats- oder Landesbesitz befindlichen Banken (Bundesbank, Landesbanken)
- Körperschaften, die steuerbegünstigte Zwecke verfolgen (siehe Lektion 7 „Spendenabzug")
- Private Schulen oder andere allgemein bildende Einrichtungen
- Krankenhäuser, Pflegeeinrichtungen, Altersheime.

Der Gewerbeertrag als Bemessungsgrundlage für die Gewerbesteuer

Der Gewerbeertrag einer GmbH ist das im Rahmen der Körperschaftsteuererklärung ermittelte Einkommen (§ 7 GewStG). Dieses Einkommen ist jedoch nicht eins zu eins für die Gewerbesteuer zu übernehmen. Stattdessen existieren spezielle Korrekturnormen – die Hinzurechnungen (§ 8 GewStG) und die Kürzungen (§ 9 GewStG) in der Gewerbesteuer.

Ebenso wie in der Körperschaftsteuer gilt auch für die Gewerbesteuer:

Bei abweichendem Wirtschaftsjahr gilt der Gewerbeertrag als in dem Kalenderjahr bezogen, in dem das Wirtschaftsjahr endet.

Fall 93: Gewerbeertrag

Die „Pontius GmbH" mit Sitz in Porta Westfalica hat ein abweichendes Wirtschaftsjahr (01.03. bis zum 28.02. des Folgejahres).

Vom 01.03.01 bis zum 28.02.02 wurde ein körperschaftsteuerliches Einkommen von 100.090 € ermittelt. An gewerbesteuerlichen Hinzurechnungen gemäß § 8 GewStG ist ein Betrag von 20.000 € angefallen. Kürzungen (§ 9 GewStG) ergaben sich in Höhe von 10.000 €.

Wie hoch ist der Gewerbeertrag? Im welchen Kalenderjahr erfolgt die Besteuerung?

Der Gewerbeertrag beträgt:

zu versteuerndes Einkommen gemäß KStG: 100.090 €

+	Hinzurechnungen (§ 8 GewStG)	20.000 €
./.	Kürzungen (§ 9 GewStG)	10.000 €
	Gewerbeertrag	110.090 €

Der Gewerbeertrag ist immer auf volle 100 Euro nach unten abzurunden (§ 11 Abs. 1 GewStG). Er beträgt also 110.000 €.

Die Besteuerung erfolgt im Jahr 02, weil das Wirtschaftsjahr der GmbH am 28.02.02 endet.

Leitsatz 23

Die Ermittlung des Gewerbeertrages

Per Fiktion gelten die Einkünfte einer **GmbH** immer als **Einkünfte aus Gewerbebetrieb** (§ 2 GewStG). Soweit keine Befreiung gemäß § 3 GewStG vorliegt, unterliegen die Einkünfte der Gewerbesteuer. Grundlage für die Ermittlung der zu zahlenden Gewerbesteuer ist der Gewerbeertrag. Der Gewerbeertrag ist das **körperschaftsteuerliche Einkommen**, korrigiert um die gewerbesteuerliche **Hinzurechnungs-** und **Kürzung**statbestände gemäß § 8 und § 9 GewStG.

Steuermesszahl, Steuermessbetrag und Hebesatz

Der Gewerbeertrag wird – nach Abzug eines eventuell vorhandenen Verlustvortrages – mit der Steuermesszahl multipliziert. Diese Steuermesszahl beträgt immer 3,5 Prozent (§ 11 GewStG).

Der so ermittelte Wert ist der sogenannte Steuermessbetrag. Bis zu dieser Stelle erfolgt die Berechnung durch das zuständige Finanzamt.

Das Finanzamt übermittelt in der Regel den festgestellten Steuermessbetrag an die Gemeinde.

Der ermittelte Steuermessbetrag ist die Grundlage für die Bemessung der Gewerbesteuer. Jede Gemeinde kann individuell einen Hebesatz für die Höhe der Gewerbesteuer festsetzen. In Deutschland liegen die Hebesätze je nach Attraktivität und Lage der Gemeinden zwischen 200 % (Mindesthebesatz gemäß § 16 Abs. 4 GewStG) und 490 %. Einzelne Ausreißer nach oben existieren.

Der Hebesatz wird mit dem Steuermessbetrag multipliziert. Das Ergebnis ist die zu zahlende Gewerbesteuer.

Hinweis: In Großstädten (Berlin, Hamburg etc.) erfolgt die Veranlagung zur Gewerbesteuer ebenfalls durch das Finanzamt. Das bedeutet, Sie bekommen sowohl den Steuerbescheid über den Gewerbesteuermessbetrag als auch den Bescheid über die zu zahlende Gewerbesteuer vom Finanzamt.

Fall 94: Ermittlung der Gewerbesteuer

Die „Pontius GmbH“ (siehe Fall vorher) hat einen Gewerbeertrag von 110.000 €.

Der von der Gemeinde festgelegte Hebesatz beträgt 250 % bzw. 490 %.

Wie hoch ist der Steuermessbetrag? Wie hoch ist die zu zahlende Gewerbesteuer?

Der Gewerbeertrag wird mit der fixen Steuermesszahl von 3,5 % multipliziert. Das Ergebnis ist der Steuermessbetrag.

Gewerbeertrag 110.000 € × Steuermesszahl 3,5 % = 3.850

Dieser Steuermessbetrag wird durch Bescheid vom Finanzamt sowohl der Gesellschaft, als auch der zuständigen Gemeinde bekannt gegeben.

Die Gemeinde multipliziert den Steuermessbetrag mit dem festgelegten Hebesatz.

3.850 × 250 % = 9.625 €
3.850 × 490 % = 18.865 €

Von der „Pontius GmbH" werden 9.625 € (Hebesatz 250 %) bzw. 18.865 € (Hebesatz 490 %) an Gewerbesteuer durch die Gemeinde angefordert.

Steuertipp: *Gemeinden mit einem niedrigen Hebesatz bilden somit einen echten Standortvorteil für Firmen, weil dadurch die effektive Belastung mit Gewerbesteuer sinkt!*

Leitsatz 24

Die Ermittlung der Gewerbesteuer

Aus dem **Gewerbeertrag** wird durch **Multiplikation** mit der **Steuermesszahl (immer** 3,5 %) der **Gewerbesteuermessbetrag** gebildet. Dieser Messbetrag wird der Gesellschaft und der Gemeinde durch das zuständige Finanzamt bekannt gegeben. Die endgültige **Festsetzung** der Gewerbesteuer erfolgt durch die **Gemeinde**. Sie multipliziert den Messbetrag mit dem festgelegten **Hebesatz**. Das Ergebnis bildet die Gewerbesteuerschuld. Je höher der Hebesatz der Gemeinde, desto höher ist die Belastung mit Gewerbesteuer.

Steuertipp: *Möchten Sie gegen eine Festsetzung der Gewerbesteuer vorgehen (Einspruch einlegen), müssen Sie gegen den Bescheid des Finanzamtes über den Gewerbesteuermessbetrag angehen. Dieser Bescheid bildet die Grundlage für die Berechnung der Gewerbesteuer durch die Gemeinde.*

Übersicht 13: Die Gewerbesteuerermittlung bei einer Kapitalgesellschaft (GmbH)

Körperschaftsteuerliches Einkommen (Gewinn)

+	Hinzurechnungen	(§ 8 GewStG)
./.	Kürzungen	(§ 9 GewStG)
	Gewerbeertrag	
./.	Verlustvortrag (Gewerbeverlust § 10a GewStG)	

korrigierter Gewerbeertrag (Abrundung auf volle 100 €)

× Steuermesszahl 3,5 %

Steuermessbetrag

× Hebesatz der Gemeinde

= Festzusetzende Gewerbesteuer

Lektion 12: Die Hinzurechnungen in der Gewerbesteuer

Die Hinzurechnungen und die Kürzungen bilden eigenständige Korrekturnormen auf dem Weg zur Ermittlung des Gewerbeertrages.

Die Hinzurechnungen sind abschließend im § 8 des Gewerbesteuergesetzes aufgeführt. Sehen Sie es bitte nach, wenn nachfolgend nur die wichtigsten (alltäglichsten) Normen für die Besteuerung der GmbH behandelt werden. Alles andere würde den Rahmen des Buches sprengen.

Fall 95: Korrekturvorschriften in der Gewerbesteuer

Herr Wahl hat sich seinem Schicksal ergeben und will die Gewerbesteuererklärung für das vergangene Jahr, ganz nach dem Motto „ein Anwalt kann alles“ alleine anfertigen. Er schaut sich das Steuerformular an und stolpert sehr schnell über die Begriffe Hinzurechnungen und Kürzungen.

Warum existieren diese eigenständigen Korrekturnormen?

Mit den Korrekturnormen sollen die Unterschiede zwischen Gewerbebetrieben gleicher Art und Größe „geglättet“ werden.

Der Gewerbeertrag wird vergleichbarer. Er wird angepasst.

Ein Beispiel:

Gewerbebetrieb A hat keine Bankschulden und wirtschaftet nur mit eigenem Kapital. Dementsprechend sind auch keine Zinsen für Darlehen zu zahlen.

Gewerbebetrieb B muss aufgrund umfangreicher Bankdarlehen (Fremdkapital) 150.000 € Zinsen im Jahr zahlen.

Beide haben (ohne Berücksichtigung der Zinsaufwendungen des Betriebes B) ein Einkommen (KStG) (vereinfacht nachfolgend Gewinn genannt) von 200.000 €. Nach Berücksichtigung der Zinsaufwendungen ergibt sich ein Gewinn von

Gewerbebetrieb A weiterhin 200.000 €

Gewerbebetrieb B nur noch 50.000 €

Bei unterstellter gleicher Branche und Betriebsgröße ergibt sich doch ein erheblicher Unterschied ...

Die Zinsen werden im nächsten Schritt zum Teil hinzugerechnet, weil der eigentliche Gewerbeertrag – unabhängig von Finanzierungsaufwendungen – dargestellt werden soll.

Erste Korrekturnorm

Kommen wir zur ersten Korrekturnorm, der Hinzurechnung der bezahlten Entgelte für Schulden, Renten und dauernden Lasten, sowie Miet- und Pachtzinsen für bewegliches und unbewegliches Anlagevermögen (§ 8 Nr. 1 GewStG).

Der Gewinn wird korrigiert um:

1. Entgelte für Schulden:

   Unter Entgelte für Schulden werden jegliche Zinsaufwendungen für betriebliche Bankdarlehen verstanden, ohne das eine Unterscheidung zwischen langlaufenden Finanzierungen (wie Annuitätendarlehen) oder kurzfristigen Finanzierungen (betrieblicher Kontokorrent) erfolgt.

2. Renten und dauernde Lasten;

   Bei der Veräußerung eines Betriebes kann vereinbart werden, dass statt der Zahlung eines einmaligen Kaufpreises ein monatlicher Geldbetrag an den Veräußerer bezahlt wird. Je nachdem wie der Veräußerungsvertrag ausgestaltet wird, kann die Zahlung des monatlichen Betrages eine Rente oder dauernde Last darstellen.

3. 20 % der Miet- und Pachtzinsen für bewegliches Anlagevermögen (z.B. Kfz).

4. 50 % für Miet- und Pachtzahlungen für unbewegliches Anlagevermögen (Büroräume, Fabrikhallen).

Darüber hinaus erfolgt in der genannten Korrekturvorschrift eine Hinzurechnung von jeweils 25 % für die zeitlich befristete Überlassung von Rechten (Patenten, Lizenzen) und den Gewinnanteilen eines stillen Gesellschafters.

Im ersten Schritt wird die Summe aus den dargestellten Sachverhalten gebildet. Im zweiten Schritt wird diese jedoch nur zu 25 % angesetzt. Aber auch dann ist die Hinzurechnung nicht zwingend

Eine Hinzurechnung der Entgelte erfolgt nur, wenn die Summe aus den genannten Sachverhalten 100.000 € übersteigt. In Höhe von 100.000 € existiert also ein Freibetrag, um insbesondere kleinere Gewerbebetriebe zu schonen.

Zwischenstopp: stiller Gesellschafter

Der stille Gesellschafter und die stille Gesellschaft ist ein Begriff aus dem Handelsrecht (§§ 230 – 237 HGB). Ein stiller Gesellschafter ist ein Kapitalgeber, der der Gesellschaft langfristig Geld zur Verfügung stellt und dafür am Gewinn beteiligt wird. Still heißt er, weil er nicht nach außen (Veröffentlichung im Handelsregister) in Erscheinung tritt, sondern die Vereinbarung intern existiert. Tritt diese Konstellation bei einer GmbH auf, führt das zu einer GmbH & Still. Je nach Ausgestaltung des Vertrages erzielt der „Stille" Einkünfte aus Kapitalvermögen (typisch still) oder aus Gewerbebetrieb (atypisch still).

Fall 96: Erste Hinzurechnungsvorschrift

Die „Sei schlau GmbH" mit Sitz in Krefeld produziert Lernsoftware.

Im Jahr 01 erzielt sie ein vorläufiges Einkommen (KStG) in Höhe von 100.000 €. Als Betriebsausgaben wurden gebucht und haben das Ergebnis entsprechend gemindert ...

Zinsen für eine langfristige Finanzierung	30.000 €
Zinsen für das betriebliche Bankkonto (Kontokorrent)	10.000 €
Leasingraten für den betrieblichen Fuhrpark insgesamt	48.000 €

Pachtzahlungen für die Firmenzentrale in Krefeld	250.000 €
Lizenzzahlungen für die Überlassung von Markenrechten	8.000 €
Insgesamt	346.000 €

Wie hoch ist insgesamt die Hinzurechnung für die genannten Sachverhalte?

Es kommt zu nachfolgender Berechnung:

1.	Zinsaufwendungen	
	Zinsen langfristig	30.000 €
	Zinsen kurzfristig	10.000 €
2.	20 % der Miet – und Pachtzinsen für bewegliches Anlagevermögen	
	20 % der Leasingraten Fuhrpark	9.600 €
3.	50 % der Pachtzahlungen für unbewegliche Wirtschaftsgüter	
	50 % der Pachtzahlungen Bürogebäude	125.000 €
4.	25 % der Aufwendungen für die Überlassung von Rechten und Lizenzen	
	25 % der Lizenzzahlungen	2.000 €
	Insgesamt	176.600 €
	./. Freibetrag	100.000 €
	verbleibt	76.600 €
	davon 25 %	19.150 €

Dem bisherigen Einkommen von 100.000 € werden insgesamt 19.150 € für die Berechnung der Gewerbesteuer hinzugerechnet. Der vorläufige Gewerbeertrag beträgt 119.150 €.

Weitere maßgebliche Hinzurechnungsvorschriften

Fall 97: Weitere Hinzurechnungen

Die „Sei schlau GmbH“ (Fall 90), besitzt an der „Archimedes“ GmbH eine 25-prozentige Beteiligung. Außerdem hält sie noch SAP Aktien mit einem Nennwert von 25.000 €. Beide Gesellschaften schütteten im letzten Jahr eine Dividende in Höhe von jeweils 5.000 € aus. Die „Sei Schlau GmbH“ ist darüber hinaus an der „Statistik KG“, eine Personengesellschaft beteiligt. Der ihr zugewiesene Verlustanteil betrug 2.500 €. Den als gemeinnützig anerkannten Schulverein „Gymnasiumsreife e.V." spendete die GmbH 500 €.

Wie sind diese Vorgänge zu berücksichtigen?

Die in der Körperschaftsteuer steuerfrei gestellten Gewinnausschüttungen müssen dem Gewerbeertrag hinzugerechnet werden.

In einem ersten Schritt sind alle Beteiligungseinkünfte hinzuzurechnen. Im Rahmen der gewerbesteuerlichen Kürzungen wird geprüft, ob es sich um eine begünstigte Beteiligung (Anteilsbesitz =>15%) handelt. Beträgt die Beteiligung an der Kapitalgesellschaft mindestens 15% am Stammkapital der Gesellschaft (§8 Nr. 5 i.V.m. §9 Nr. 2a GewStG) erfolgt eine spätere Kürzung.

Einkommen	100.000 €
Hinzurechnungen Fall 96	19.150 €
Ausschüttung Archimedes	4.750 €*
Ausschüttung SAP	4.750 €*
Verlustanteil Statistik AG	2.500 €
Spende Schulverein	500 €
Gewerbeertrag nach Hinzurechnung	131.650 €

* Die Hinzurechnung erfolgt nur in Höhe von 95%, weil in Höhe von 5% die Ausschüttungen bereits in der Körperschaftsteuer korrigiert wurden (Lektion 6) und das Einkommen nach dem Körperschaftsteuergesetz die Basis für die Ermittlung des Gewerbeertrages bildet.

Die gleichen Regelungen gelten im umgekehrten Fall auch für Verluste aus den Beteiligungen.

Die Anteile am Verlust an einer gewerblichen Personengesellschaft (§8 Nr. 8 GewStG) werden hinzugerechnet.

Zwischenstopp: Beteiligungen an Personengesellschaften

Der GmbH ist es möglich, sich an anderen Gesellschaften jeglicher Rechtsform zu beteiligen. Handelt es sich um eine Beteiligung an einer Personengesellschaft, so werden die Gewinn- oder Verlustanteile durch das für die Personengesellschaft zuständige Finanzamt festgestellt und dem für die Besteuerung der GmbH zuständigen Finanzamt mitgeteilt. Damit es nicht zu einer doppelten Berücksichtigung des Verlustes oder Gewinnes kommt (zuerst bei der Personengesellschaft, dann bei der Kapitalgesellschaft) werden entsprechenden Verlustanteile hinzugerechnet und die Gewinnanteile gekürzt (§ 9 Nr. 2 GewStG).

Der berücksichtigte Verlustanteil in Höhe von 2.500 € wird korrigiert.

Die geleisteten Spenden werden analog zur Körperschaftsteuer dem Gewinn vorerst hinzugerechnet. (§ 8 Nr. 9 GewStG). Für die Voraussetzungen des Spendenabzugs, gilt das in der Lektion 7 geschriebene. Es kommt zu einer Hinzurechnung von 500 €.

Leitsatz 25

Die Hinzurechnungen in der Gewerbesteuer

Hinzurechnungen sind eigenständige **Korrekturnormen** zur Ermittlung des Gewerbeertrages. Sie dienen dazu **Fremdfaktoren** bei der Ermittlung des Ertrages eines Gewerbebetriebes zu **glätten** und Betriebe gleicher Ausrichtung und Größe vergleichbar zu machen. Die wichtigste Korrekturnorm hier ist der Hinzurechnungskatalog des § 8 Nr. 1 GewStG (u.a. Entgelte für Schulden).

Lektion 13: Die Kürzungen in der Gewerbesteuer

Bei den Kürzungen handelt es sich, ebenso wie bei den Hinzurechnungen, um Korrekturen, mit dem Ziel, den Gewerbeertrag ansonsten gleicher Betriebe vergleichbar zu machen. Die wichtigste Korrekturnorm ist hierbei die Kürzung um den Einheitswert des zum Betriebsvermögen gehörenden Grundbesitzes § 9 Nr. 1 GewStG.

Fall 98: Was ist der Einheitswert?

Herr Wahl Geschäftsführer der „Gute Wahl „ Rechtsanwalt GmbH“ kann sich unter dem Einheitswert sehr wenig vorstellen, fast befürchtet er, dieser Wert habe etwas mit der Deutschen Einheit zu tun ... Können Sie ihm weiterhelfen?

Der Einheitswert ist der in einer Zahl ausgedrückte Wert für Grundstücke und Gebäude. Er bildet die Grundlage für die Berechnung der Grundsteuer. Die Grundsteuer wird genauso wie die Gewerbesteuer von der Gemeinde erhoben und ist eine Besitzabgabe auf den Grundbesitz.

Die Kürzungsvorschrift existiert, um die Belastung mit der Grundsteuer für betrieblichen Grundbesitz auszugleichen. Daher sind die folgenden Voraussetzungen notwendig:

- Der Grundbesitz muss seit Jahresbeginn zum Vermögen der Gesellschaft gehören. Wird ein Grundstück mitten im Jahr gekauft, ist die Kürzung erstmals im Folgejahr anzuwenden. Die Einschränkung erfolgt, weil für die Grundsteuer und somit die Zahlungsverpflichtung, ebenfalls immer die Besitzverhältnisse auf den 01.01. des Jahres maßgeblich sind.

- Der Grundbesitz darf nicht von der Grundsteuer befreit sein.

- Der Grundbesitz muss zum Betriebsvermögen der Gesellschaft gehören. Das Grundstück darf zum Beispiel nicht im Eigentum eines Gesellschafters stehen und durch die GmbH nur genutzt werden. Die GmbH muss als Eigentümer im Grundbuch (Eigentumsbuch für Grundstücke) eingetragen sein.

Fall 99: Kürzung um den Einheitswert bei Grundbesitz

Die „Schlüsselfertig Bau GmbH“ mit Sitz in Tübingen produziert Fertigteilhäuser. Die Produktion der Hauselemente erfolgt auf einem zum Betriebsvermögen gehörenden 15.000 m^2 großen Betriebsgrundstück. Der Einheitswert beträgt 38.000 €. Vor Berücksichtigung der Kürzungsvorschrift beträgt der Gewinn 10.000 €.

Wie hoch ist die anzusetzende Kürzung?

Wie hoch ist der Gewinn nach der Kürzung?

Die Kürzung beträgt 1,2 % von 140 % des Einheitswertes.

Die angesetzten 140 % sind eine fiktive Wertfortschreibung, weil die Wertmaßstäbe für die Feststellung des Einheitswertes letztmals zum 01.01.1964 ermittelt wurden (§ 121a Bewertungsgesetz).

Die Kürzung beträgt also

38.000 € Einheitswert × 1,2% × 140 % = 638 €.

Gewinn vorläufig		10.000 €
Kürzung um Einheitswert	./.	638 €
Gewinn nach Kürzung		9.362 €

Fall 100: Variante – Grundbesitz liegt in den Neuen Bundesländern

Sachverhalt wie zuvor, nur liegt das Grundstück nicht in Tübingen, sondern in Borna (Sachsen).

Für Grundstücke, die in den Neuen Bundesländern liegen, gelten eigene Wertfortschreibungen (§ 135 Bewertungsgesetz)! Das hängt damit zusammen, dass aufgrund der damaligen deutschen Teilung zum 01.01.1964 keine Wertmaßstäbe für die Einheitswerte festgestellt wurden. Herangezogen werden, für die Grundstücke in den neuen Bundesländern, die Wertmaßstäbe auf den 01.01.1935!

Gemäß § 133 des Bewertungsgesetzes beträgt die Kürzung also

38.000 € × 1,2 % × 400 % = 1.824 €

Steuertipp: *Handelt es sich bei der GmbH um eine Gesellschaft die nur eigenen Grundbesitz und daneben nur noch Kapitalvermögen verwaltet (zum Beispiel nur Häuser etc. vermietet und die Erträge verzinslich anlegt), kann diese Gesellschaft* auf Antrag *eine erweiterte Kürzung für Grundbesitz in Anspruch nehmen (§ 9 Nr. 1 Satz 2 GewStG). Die erweiterte Kürzung funktioniert dann so, dass der Saldo aus Grundstückserträgen abzüglich Grundstücksaufwendungen vom Gewerbeertrag gekürzt wird. Hintergrund dieser Regelung ist es, dass die Vermietung von Immobilien und die Verwaltung von Kapitalvermögen keine typische gewerbliche Betätigung darstellt.*

Fall 101: Sonstige Kürzungen

Die „Sei Schlau GmbH" aus dem Fall 96 bittet Sie auch um Hilfe bei der Darstellung der sonstigen Kürzungen. Die Gesellschaft hat eine weitere Beteiligung an einer Personengesellschaft („Stochastik KG"). Durch diese Beteiligung wurde ihr ein Gewinnanteil in Höhe von 2.500 € zugewiesen. In dem körperschaftsteuerlichen Einkommen von 100.000 € ist ein Gewinn aus einer ausländischen Betriebsstätte (Softwareschmiede Indien) in Höhe von 15.000 € enthalten. Die restlichen Sachverhalte bleiben gleich.

Gewerbeertrag nach Hinzurechnung Fall 96		131.650 €
Kürzung Gewinnanteil Personengesellschaft	./.	2.500 €
Ausschüttung Archimedes > 15 %	./.	4.750 €
Ausschüttung SAP AG < 15 %	./.	0 €
Spende Schulverein	./.	500 €
Gewinn indische Betriebsstätte	./.	15.000 €
Gewerbeertrag nach Kürzungen		108.900 €

- § 9 Nr. 2 GewStG. Es erfolgt eine Kürzung um den Gewinnanteil an der KG, da es sich um einen Gewinnanteil aus der Beteiligung an einer Personengesellschaft handelt.

- Die im ersten Schritt vollzogene Hinzurechnung der Ausschüttung an der Archimedes GmbH wird korrigiert, da die Beteiligung mindestens 15 % beträgt (§ 9 Nr. 2a GewStG und § 9 Nr. 7 GewStG).

- Die hinzugerechnete Ausschüttung der SAP AG wird nicht korrigiert. Der Anteilsbesitz beträgt weniger als 15 %.

- Die hinzugerechneten Spenden an den Schulverein in Höhe von 500 € werden wieder gekürzt. (§ 9 Nr. 5 GewStG). Die Berechnung der abzugsfähigen Spendenhöhe erfolgt genauso wie in der Körperschaftsteuer (20 % vom Einkommen bzw. 4 Promille der Löhne und Gehälter). Voraussetzung hierbei ist ebenfalls das Vorliegen einer ordnungsgemäßen Spendenbescheinigung.

- Der Gewerbeertrag wird um den Gewinn, der auf die ausländische Betriebsstätte entfällt, gekürzt. (§ 9 Nr. 3 GewStG).

Leitsatz 26

Die Kürzungen in der Gewerbesteuer

Die Kürzungen in der Gewerbesteuer gleichen teilweise die zuvor vorgenommenen Hinzurechnungen aus (Spenden, Gewinnausschüttungen). Teilweise **entlasten** die Kürzungen die Betriebe um **Doppelbesteuerungen** zu **vermeiden** (Gewinnanteil Personengesellschaft, Kürzung um den Einheitswert des Grundbesitzes). Die Kürzungen dienen ebenfalls der Glättung des Gewerbeertrages.

Übersicht 14: Die Hinzurechnungen und Kürzungen in der Gewerbesteuer

Hinzurechnungen		Kürzungen	
§ GewStG	Bezeichnung	Bezeichnung	§ GewStG
8 Nr. 1	25 % der Entgelte für Zinsen, Mieten etc. Freibetrag 100 T €	1,2 % des Einheitswert des Grundbesitz	9 Nr. 1
8 Nr. 5	steuerfreier Anteil der Ausschüttung	steuerfreier Anteil der Ausschüttung wenn > = 15 %	9 Nr. 2 a
8 Nr. 8	Verlustanteil an einer Personengesellschaft	Gewinnanteil an einer Personengesellschaft	9 Nr. 2
8 Nr. 9	Spenden	Spenden	9 Nr. 5
8 Nr. 10	ausländische Steuern, die abgezogen wurden wenn Kürzung erfolgt	Gewinn einer ausländischen Betriebsstätte	9 Nr. 3

Lektion 14: Zerlegung des Gewerbesteuermessbetrages

Die Ermittlung des Gewerbeertrages erfolgt bei einer GmbH immer einheitlich. Es ist jedoch oft so, dass neben dem Hauptsitz noch weitere Betriebsstätten existieren. Ohne Zerlegung des Steuermessbetrages würde nur die Gemeinde – in der der Hauptsitz einer Gesellschaft liegt – Gewerbesteuer erhalten.

Sinn und Zweck der Gewerbesteuer ist es jedoch, die erhöhte Belastung der Infrastruktur durch Gewerbebetriebe in der jeweiligen Gemeinde auszugleichen. Aus diesem Grunde erfolgt eine Zerlegung des Gewerbeertrages in Form der Zerlegung des Steuermessbetrages.

Als Zerlegungsmaßstab werden die gezahlten Löhne und Gehälter herangezogen (§ 28 GewStG). Die Überlegung dabei ist, je höher der Lohnanteil ist, der auf eine einzelne Betriebsstätte entfällt, desto höher wird die Belastung der Infrastruktur sein und desto höher ist der Anteil am Ertrag des Gewerbebetriebes.

Dabei sind folgende Punkte zu beachten:

- Ausbildungsvergütungen werden nicht berücksichtigt

- Löhne für Arbeitnehmer, die nicht ausschließlich oder überwiegend beschäftigt werden, zählen nicht mit (z.B. Leiharbeitnehmer)

- Gewinnabhängige Vergütungen (z.B. Tantiemen) werden nicht berücksichtigt

- Die Summe der jeweiligen Arbeitslöhne wird auf volle 1.000 € abgerundet.

Fall 102: Zerlegung des Gewerbesteuermessbetrages

Die „Strumpf Bekleidungs GmbH" stellt maschinell Wollpullover her. Der Hauptbetrieb liegt in München (M). Weitere Fabriken befinden sich in Frankfurt/Oder (F) und Berlin (B). Der einheitliche Gewerbesteuermessbetrag für das Jahr 01 beträgt 28.000 €.

An Löhnen und Gehältern wurden im Jahr 01 bezahlt:

Betriebsstätte M	248.387 €	davon 15.000 € für Ausbildungsvergütungen
Betriebsstätte F	110.000 €	davon 35.000 € Vergütungen für Leiharbeitnehmer
Betriebsstätte B	180.000 €	davon 25.000 € für eine Gewinntantieme des Geschäftsführers

Wie ist der Gewerbesteuermessbetrag aufzuteilen?

Betriebsstätte M	Die Ausbildungsvergütungen bleiben außer Ansatz. Die Summe des Arbeitslohnes wird auf volle 1.000 € abgerundet. Für München wird somit eine Lohnsumme von 233.000 € angesetzt.
Betriebsstätte F	Aufwendungen für Leiharbeitnehmer finden keine Berücksichtigung. Der anzusetzende Lohnaufwand für die Betriebsstätte beträgt demnach 75.000 €.
Betriebsstätte B	Die Summe der Löhne wird um die gezahlte Gewinntantieme gekürzt. Für die Zerlegung werden 155.000 € berücksichtigt.

Berechnung:	M	233.000 €
+	F	75.000 €
+	B	155.000 €
Lohnsumme		463.000 €

Es kommt zu folgender Verhältnisgleichung

$$\frac{\text{Gesamtlohnsumme}}{\text{Gesamtsteuermessbetrag}} : \frac{\text{Lohnsumme Betriebsstätte}}{\text{Steuermessbetrag Betriebsstätte}}$$

Berechnungsbeispiel für die Betriebsstätte München

$$\frac{463.000\ €\ \text{Löhne}}{28.000\ €\ \text{Messbetrag}} : \frac{233.000\ €\ \text{Lohnsumme München}}{X}$$

X (Messbetrag München) = 14.091 €

München würde also einen Messbetrag von	14.091 €
Frankfurt würde einen Messbetrag von	4.536 €
und Berlin von	9.373 €

zugewiesen bekommen.

Die Zerlegung des Gewerbesteuermessbetrages erfolgt durch das für die Steuererklärungen zuständige Finanzamt.

Steuertipp: *Die unterschiedlichen Hebesätze der Gemeinden und damit die unterschiedliche Belastungen mit der Gewerbesteuer, lassen sich bei der Zerlegung des Gewerbesteuermessbetrages optimieren.*
Stellen Sie sich vor, Sie haben einen Betrieb (A) der in einer Gemeinde liegt mit einem Hebesatz von 490%. Gleichzeitig haben Sie eine weitere Betriebsstätte (B) in einer Gemeinde mit einem Hebesatz von 250%. Würden in der Betriebsstätte A aufgrund von Arbeitsspitzen vermehrt Leiharbeitnehmer statt neu eingestellte Arbeitnehmer beschäftigt werden, würden sich die Lohnsummen zugunsten der Betriebsstätte B verschieben. Das gleiche würde eintreten, wenn die Geschäftsleitung von der Betriebsstätte B eingestellt sein würde und von dort auch tätig wäre. Allerdings ist dabei die Klausel gemäß §33 GewStG zu beachten, die es dem Finanzamt ermöglicht einen anderen Zerlegungsmaßstab als den nach der Lohnsumme zu wählen.

Leitsatz 27

Die Zerlegung des Gewerbesteuermessbetrages

Die Zerlegung des Gewerbesteuermessbetrages **dient** der **Steuergerechtigkeit**. Dadurch ist gewährleistet, dass jede durch eine Betriebsstätte betroffene Gemeinde Anteil am Gewerbesteueraufkommen erhält (§28 GewStG). Als **Zerlegungsmaßstab** dienen die **Lohnsummen**. Die Lohnsummen sind um bestimmte Sachverhalte zu korrigieren (§31 GewStG).

Lektion 15: Verlustabzug und Organschaft

Fall 103: Gewerbesteuerliche Verlustabzug

Frau Buhrmeister, Geschäftsführerin der „Bunte Mode GmbH", möchte gerne wissen, warum der festgestellte Verlust zur Körperschaftsteuer vom festgestellten Verlust zur Gewerbesteuer abweicht.

Können Sie Ihr weiterhelfen?

Sie würde gerne einen Teil des gewerbesteuerlichen Verlustes in das Vorjahr zurücktragen, um den Vorjahresgewinn zu mindern.

Ist das möglich?

Der Verlustabzug in der Gewerbesteuer entspricht nicht der Höhe nach dem Verlustabzug in der Körperschaftsteuer. Grund dafür sind die unterschiedlichen Berechnungen des Gewerbeertrages und des zu versteuernden Einkommens in der Körperschaftsteuer (Hinzurechnungen und Kürzungen gemäß § 8 und § 9 GewStG).

Für die Gewerbesteuer ist somit ein eigenständiges Verlustfeststellungsverfahren notwendig.

Identisch mit den Regelungen zum körperschaftsteuerlichen Verlustvortrag sind die Regelungen, dass Verluste nur bis zu einer Million Euro unbeschränkt ausgeglichen werden dürfen. Darüber hinaus ist nur ein Ausgleich in Höhe von 60 % möglich.

Beispiel:

festgestellter gewerbesteuerlicher Verlust auf den 31.12.02		5.000.000 €
Gewinn aus Gewerbebetrieb 03		1.500.000 €

Verlustausgleich I (in 03)

Gewinn		1.500.000 €
Verlustausgleich	./.	1.000.000 €
Verbleibender Gewinn		500.000 €

Verlustausgleich II

Verbleibender Gewinn		500.000 €
Verlustausgleich (60 % von 500.000 €)	./.	300.000 €
Endgültiger Gewinn		200.000 €

Für den gewerbesteuerlichen Verlust existiert jedoch nur der Verlustvortrag. Der Verlust kann nicht, wie bei der Körperschaftsteuer, in das Vorjahr zurückgetragen werden. Das hängt mit dem Wesen der Gewerbesteuer als reine Gemeindesteuer zusammen. Wäre ein Verlustrücktrag möglich, entfiele für die Gemeinden die Planungssicherheit für den Haushalt. Bereits eingenommene Gewerbesteuer müsste durch einen Verlustrücktrag wieder ausgezahlt werden.

Frau Buhrmeister kann also nicht den Verlust zurücktragen.

Ebenso wirken sich die Wechsel von Gesellschaftern gemäß § 8c KStG auch auf den Verlust in der Gewerbesteuer (§ 10a GewStG) aus. Wechseln also innerhalb von fünf Jahren (Betrachtungszeitraum) mehr als 25 % der GmbH Anteile den Besitzer so entfällt anteilig der bisher festgestellte Verlust, wechseln sogar über 50 % der Anteile den Besitzer so entfällt der bisher festgestellte Verlust zur Gänze. Die Unternehmensidentität wird verneint.

Auf die Regelungen innerhalb der Lektion 10 wird verwiesen.

Steuertipp: *Planen Sie einen Gesellschafterwechsel der einen wegfallenden Verlustvortrag zur Folge hat und erwirtschaften sie im laufenden Geschäftsjahr Gewinne, sollten Sie über einen Zwischenabschluss den Gewinn zum Stichtag des Wechsels ermitteln. Dieser Gewinn wird noch den Altgesellschaftern zugerechnet. Das hat zur Folge, dass der „alte" Verlustvortrag noch zur Anwendung kommt. Diese Regelung gilt sowohl in der Körperschaft- als auch in der Gewerbesteuer.*

Die Organschaft in der Gewerbesteuer

Die Regelungen zur Anerkennung einer körperschaftsteuerlichen Organschaft gelten auch für die gewerbesteuerliche Organschaft (§ 2 Abs. 2 GewStG). Dabei gilt die Organgesellschaft immer als Betriebsstätte des

Organträgers. Sie ist also nicht mehr eigenständig. Eine Zerlegung des Gewerbesteuermessbetrages ist zwingend vorzunehmen. Die gewerbesteuerliche Organschaft bietet zwei klare Vorteile

Vorteil 1: Es ist eine sofortige Verlustverrechnung zwischen Organträger und Organgesellschaft möglich.

Vorteil 2: Die mehrfache Berücksichtigung von Dauerschuldentgelten (Zinsen) entfällt.

Beispiel: Gesellschaft A nimmt ein Darlehen auf und zahlt Zinsen von 150.000 € im Jahr. Das Darlehen wird an Gesellschaft B weitergereicht. Die Zinsen von 150.000 € werden an Gesellschaft B weiterbelastet. Ohne Organschaft würden die Zinsen als Dauerschuldentgelte sowohl bei Gesellschaft A als auch bei Gesellschaft B bei der Hinzurechnung berücksichtigt werden. Besteht eine Organschaft erfolgt nur die Zurechnung bei der tatsächlich belasteten Gesellschaft.

Übersicht 15: Die Steuerermittlung in der Körperschaft-/Gewerbesteuer

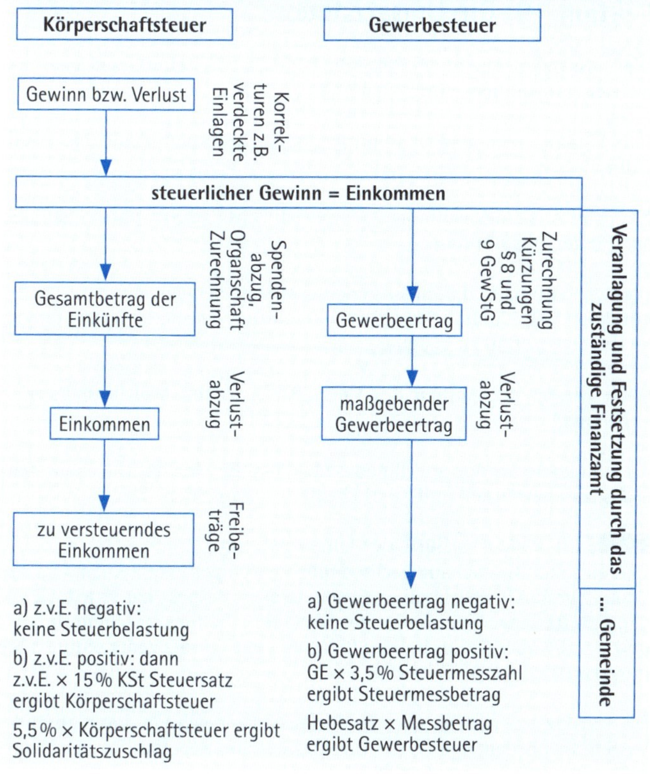

IV. Die sonstigen Steuerarten

Lektion 16: Die Umsatzsteuer

Die Umsatzsteuer ist in der Regel die Steuer mit der eine Gesellschaft am meisten konfrontiert wird.

Jede Eingangsrechnung ist zu prüfen, ob Sie ordnungsgemäß ausgestellt wurde.

Mit jeder Ausgangsrechnung ist (zumeist) Umsatzsteuer vom Leistungsempfänger einzufordern.

Die Buchhaltung ist darauf ausgerichtet anhand der gebuchten Geschäftsvorgänge, die Voranmeldungen (unterjährige Umsatzsteuermeldungen an das Finanzamt) zu erstellen.

Doch wie ist der Aufbau des Umsatzsteuerrechts? Welche Fallstricke existieren?

Nachfolgende Lektion soll Ihnen helfen, den Bereich der Umsatzbesteuerung zu überblicken und (teure) Fehler zu vermeiden.

Fall 104: Kreislauf der Umsatzsteuer

Herr Kasimir, Zoofachangestellter, möchte sich gerne mit einem eigenen Zoofachgeschäft selbständig machen. Großen Respekt hat er jedoch vor der Umsatzsteuer. Sein bisheriger Chef, Herr Balthasar, schimpfte stets und ständig über die zusätzliche Belastung mit Umsatzsteuer. Können Sie ihm seine Bedenken etwas zerstreuen?

Die Umsatzsteuer ist im unternehmerischen Bereich ein durchlaufender Posten. Das bedeutet, dass die Umsatzsteuer im Regelfall für das Unternehmen weder Aufwand noch Ertrag darstellt.

Die an den Kunden erbrachten Leistungen und Lieferungen werden netto abgerechnet. Erst am Ende wird die Umsatzsteuer auf den Rechnungsbetrag (den Umsatz) aufgeschlagen. Die Umsatzsteuer die im unternehmerischen Bereich selber für Eingangsumsätze (Wareneingang oder Leistungseingang) bezahlt wurde, wird als Vorsteuer von der eigenen

Umsatzsteuerschuld abgezogen. Sowohl die eingenommene Umsatzsteuer, als auch die bezahlte Vorsteuer wird dem Finanzamt gemeldet (durch die Umsatzsteuervoranmeldung). Wenn der gemeldete Umsatzsteuerbetrag höher ist als die gemeldete Vorsteuer, ergibt sich ein Zahlungsanspruch des Finanzamtes. Wurde durch das Unternehmen mehr Vorsteuer bezahlt als Umsatzsteuer eingenommen, ergibt sich ein Erstattungsanspruch. Das Finanzamt zahlt in diesem Fall das Steuerguthaben aus.

So sieht der vereinfachte Umsatzsteuerkreislauf aus.

In jeder Stufe der Wertschöpfung (daher auch im Volksmund Mehrwertsteuer – der Mehrwert wird besteuert), erfolgt eine Abrechnung mit Umsatzsteuer. Die durch den Unternehmer in Anspruch genommene Umsatzsteuer wird solange als Vorsteuer abgezogen, bis das Ende der Leistungskette, beim sogenannten Endverbraucher (der private Kunde), erreicht wird. Dort verbleibt es bei einer Definitivbelastung mit Umsatzsteuer.

Fall 105: Umsatzsteuerkreislauf

Die „Sanddüne GmbH" bewirtschaftet eine Kiesgrube. Im Monat März 01 lieferte sie 1.000 kg Kies für 1.000 € zuzüglich 19 % Umsatzsteuer (190 €) an die „Mischfabrik AG".

Diese verwendete den Kies, um daraus Beton herzustellen. Dieses Betongemisch wird in Zentnersäcken an die „Harnquelle Baumärkte GmbH" geliefert. Dafür erhielt die „Mischfabrik AG" ebenfalls im März 01 2.000 € zuzüglich 19 % Umsatzsteuer (380 €).

Die Betonsäcke wurden durch die „Harnquelle Baumärkte GmbH" an diverse Privatpersonen für insgesamt 3.000 € zuzüglich 19 % Umsatzsteuer (570 €) veräußert.

Wie hoch ist die Endbelastung in der Leistungskette mit Umsatzsteuer?

Stufe I „Sanddüne GmbH"
verkauft an die „Mischfabrik AG"
Umsatzsteuermeldung gegenüber Finanzamt 190 €

Stufe II „Mischfabrik AG"
verkauft an die „Harnquellen GmbH"

	Umsatzsteuer	380 €
./.	selbst bezahlte Umsatzsteuer (an „Sanddüne GmbH“)	190 €
	Umsatzsteuermeldung gegenüber Finanzamt	190 €

Stufe III „Harnquellen GmbH“
verkauft an Endverbraucher

	Umsatzsteuer	570 €
./.	selbst bezahlte Umsatzsteuer (an „Mischfabrik AG“)	380 €
	Umsatzsteuermeldung gegenüber Finanzamt	190 €

Insgesamt wurden **570 €** Umsatzsteuer an das Finanzamt bezahlt. Das entspricht dem Betrag, der auf der letzten Stufe den Endverbrauchern in Rechnung gestellt wurde.

Die steuerbaren Umsätze

Es werden im Umsatzsteuerrecht nur die Umsätze besteuert, die innerhalb Deutschlands erfolgen. Es handelt sich dann um steuerbare Umsätze. Wird zum Beispiel Ware in Polen verkauft, unterliegt der Verkauf nicht der deutschen, sondern der polnischen Umsatzsteuer.

Damit es sich um einen steuerbaren Umsatz handelt müssen folgende fünf Merkmale erfüllt sein (§ 1 Abs. 1 UStG):

1. Die **Lieferung oder sonstige Leistung** muss
2. im **Inland**
3. durch ein **Unternehmer** (nicht Privatperson)
4. im **Rahmen des Unternehmens**
5. gegen **Entgelt**

ausgeführt worden sein.

Das Inland (2) ist vereinfacht das deutsche Festland. Der Unternehmer (3) ist ein Begriff aus dem Umsatzsteuerrecht. Der Unternehmer kann natürlich auch eine Frau sein, oder wie hier eine GmbH. Die Bezeichnung wird neutral verwendet. GmbHs besitzen keinen Privatbereich; im Gegensatz zu den Personengesellschaften. Daher erfolgen alle Aktivitäten im Rahmen des Unternehmens (4). (siehe dazu auch die Einführung von Lektion 4).

Beim Entgelt (5) muss nicht immer Geld fließen. Auch der Tausch von Gegenständen unterliegt zum Beispiel der Umsatzbesteuerung, Ein weiteres gebräuchliches Beispiel ist die private Nutzung des betrieblichen Pkws. Für diese Leistungen erfolgt in der Regel eine pauschalierte Ermittlung. Es handelt sich um eine sogenannte Eigenverbrauchsbesteuerung. Der PKW wird für eigene (private) Zwecke verwendet. Es werden Leistungen verbraucht (Abnutzung, Versicherung etc.). Ebenfalls dem Eigenverbrauch unterliegt z.B. die Entnahme von Waren aus dem Unternehmen. Für solche Fälle wird ein fiktiver Wert angesetzt.

Eine Besonderheit ist bei Wareneinkäufen innerhalb der Europäischen Gemeinschaft (EG) zu beachten. Diese Einkäufe werden ebenfalls wie eigene Ausgangsumsätze in Deutschland besteuert. Das hängt mit den fehlenden Grenzen und damit verbundenen fehlenden Zollanmeldungen zusammen.

Rechnungen des innergemeinschaftlichen Erwerbs (so der Fachbegriff) sind immer Nettorechnungen. Durch die Buchhaltungssoftware wird bei diesen Rechnungen die deutsche Umsatzsteuer hinzuaddiert und in gleicher Höhe als Vorsteuer abgezogen. Somit tritt keine Belastung beim deutschen Unternehmer auf. Zu beachten hierbei ist, dass nicht jedes europäische Land (z.B. die Schweiz) automatisch der Europäischen Gemeinschaft angehört.

Fall 106: Steuerbare Umsätze

Die „Sommerfrische GmbH“ möchte ihre Umsatzsteuervoranmeldung für das Finanzamt erstellen. Dabei hat sie folgende noch nicht geklärte Geschäftsvorfälle zu berücksichtigen.

a) Montage eines Mineralwasserspringbrunnens in der Schweiz. Das Montagehonorar beträgt netto 1.000 €

b) Verkauf und Lieferung von Mineralwasser in Rostock für netto 1.000 €

c) Einkauf von Brause bei einem Händler in Frankreich netto 1.500 €

d) Einkauf von Brause aus Dresden netto 1.500 €.

e) Ein PKW wurde für den Geschäftsführer angeschafft. Dieser nutzt ihn auch privat. Es wird kein Fahrtenbuch geführt.

Wie sind die Umsätze durch die Gesellschaft zu berücksichtigen?

zu a): Es handelt sich um eine sonstige Leistung die im Ausland ausgeführt wurde. Das Merkmal Inland (1) ist nicht erfüllt. Der Umsatz ist in Deutschland nicht steuerbar und unterliegt der schweizerischen Umsatzbesteuerung.

zu b): Der Umsatz wurde in Deutschland ausgeführt. Er ist somit in Deutschland steuerbar. Der Umsatz von 1.000 € ist mit Umsatzsteuer (19 %) zu besteuern (190 €).

zu c): Frankreich ist ein Mitgliedsland der Europäischen Gemeinschaft. Es handelt sich um einen innergemeinschaftlichen Erwerb. Dieser ist wie ein eigener Ausgangsumsatz zu besteuern. Auf den Kaufpreis werden 19 % Umsatzsteuer aufgeschlagen. Gleichzeitig kann der Unternehmer die erhobene Umsatzsteuer als Vorsteuer abziehen.

zu d): Die „Sommerfrische GmbH“ muss für den Einkauf 1.000 € zuzüglich Umsatzsteuer (19 %) insgesamt also 1.190 € bezahlen. Die bezahlte Umsatzsteuer ist als Vorsteuer von der eigenen Umsatzsteuerschuld abziehbar.

zu e): Es handelt sich bei der privaten PKW Nutzung um die Besteuerung des Eigenverbrauchs. Auch diese Besteuerung erfolgt mit 19 %. Die Höhe der Besteuerung ist abhängig von der Höhe der Anschaffungskosten des Pkws.

Leitsatz 28

Grundlagen der Umsatzsteuer

Die Umsatzsteuer **besteuert** in Deutschland ausgeführte **Lieferungen und Leistungen**. Der reguläre Steuersatz beträgt **19 %**. Der Unternehmer muss dem Finanzamt eine **Umsatzsteuervoranmeldung** einreichen. In dieser werden die ausgeführten Umsätze mit der zu zahlenden Umsatzsteuer aufgeführt. Die vom Unternehmer bezahlte Umsatzsteuer kann als **Vorsteuer** von der Umsatzsteuerschuld abgezogen werden.

Ort des Umsatzes

Die Umsatzsteuer zielt immer auf den Inlandsbegriff (Deutschland) ab. Daher sind beim Umsatzbesteuerungsverfahren zwei Fragen zu stellen:

1. Wo wurde der jeweilige Umsatz ausgeführt, im Inland oder im Ausland?

2. Erfolgte eine Lieferung oder eine sonstige Leistung?

Für die Definition des Lieferungs-bzw. Leistungsortes sind die § 3 bis 3g UStG zuständig. Anhand der alphabetischen Kette sehen Sie, dass die Bestimmung des Ortes kein leichtes Unterfangen ist.

Es gelten folgende Grundkonstellationen:

1. Lieferungen sind Vorgänge, in der einer anderen Person die Verfügungsmacht über einen Gegenstand eingeräumt wird.

2. Lieferungen werden dort ausgeführt, wo der Empfänger über den Gegenstand frei verfügen kann. (§ 3 Abs. 7 UStG)

3. Wird ein Gegenstand versendet, wird die Lieferung dort ausgeführt, wo die Versendung beginnt (§ 3 Abs. 6 UStG)

4. Alle Sachverhalte, die keine Lieferungen sind, gelten als sonstige Leistungen (Vermietung, Beratung, Gutachten etc.) (§ 3 Abs. 9 UStG).

5. Wird eine sonstige Leistung an eine Privatperson ausgeführt, gilt der eigene Firmensitz als Ort der ausgeführten Leistungen (§ 3a Abs. 1 UStG).

6. Wird eine sonstige Leistung an einen anderen Unternehmer ausgeführt, gilt der Firmensitz des anderen Unternehmers als Ort der ausgeführten Leistungen (§ 3a Abs. 2 UStG).

Ca. 95 Prozent der alltäglichen Geschäftsvorgänge werden durch diese Grundregeln umsatzsteuerlich abgedeckt. Für die verbleibenden fünf Prozent existieren zahlreiche Sondervorschriften, auf die der Autor im Rahmen dieser Einführung in das Umsatzsteuerrecht nicht eingehen kann.

Steuerbefreite Umsätze

Fall 107: Umsatzsteuerbefreite Umsätze I

Herr Kasimir (Fall 104) hat einen Bekannten, einen Facharzt für Urologie. Von diesem weiß er, dass dieser gar keine Umsatzsteuervoranmeldungen abgeben muss. Er möchte gerne wissen, womit das zusammenhängt und ob das auch bei ihm und seiner Zoohandlung möglich wäre.

Im Umsatzsteuerrecht bestehen zahlreiche Befreiungen für Ausgangsumsätze. Das bedeutet, obwohl diese Umsätze in Deutschland steuerbar sind, wird keine Umsatzsteuer erhoben.

Diese Befreiungen resultieren zum einen aus dem Ort des Umsatzes, zum anderen aus politischen Erwägungen, oder um einfach die doppelte Besteuerung eines (Verkehrs-)Vorganges zu vermeiden.

Die Steuerbefreiungen sind im § 4 UStG aufgeführt.

Die Umsätze aus einer Zoohandlung unterliegen nicht der Steuerbefreiung. Herr Kasimir muss seine Umsätze der Umsatzsteuer unterwerfen.

Steuerfrei sind zum Beispiel nachfolgende Lieferungen bzw. Leistungen:

Ausfuhrlieferungen (§ 4 Nr. 1a UStG) und innergemeinschaftliche Lieferungen (§ 4 Nr. 1b UStG).

Ausfuhrlieferungen sind alle Lieferungen, die nicht in einem Land der Europäischen Gemeinschaft enden. Der Fachbegriff für diese Länder lautet „Drittland". Die Voraussetzungen für eine Ausfuhrlieferung sind sehr restriktiv und die Belege über Ausfuhrlieferungen (Frachtbriefe, Zollpapiere, näheres unter § 8 – § 17 Umsatzsteuerdurchführungsverordnung) müssen vom deutschen Unternehmer auch noch Jahre später nachgewiesen werden!

Innergemeinschaftliche Lieferungen sind – im Gegensatz zu Ausfuhrlieferungen – Lieferungen an einen Unternehmer, der in einem Land der Europäischen Gemeinschaft ansässig ist.

Für innergemeinschaftliche Lieferungen besteht die Fiktion, dass diese Lieferungen immer im Bestimmungsland enden. Daher sind sie in Deutschland steuerfrei. Das ist übrigens der Umkehrschluss zum innergemeinschaftlichen Erwerb. Diese Einkäufe gelten immer in Deutschland als ausgeführt.

Für den innergemeinschaftlichen Warenverkehr wird eine Umsatzsteuer-Identifikationsnummer verwendet. Diese ist Grundvoraussetzung dafür, dass eine steuerbefreite innergemeinschaftliche Lieferung ausgeführt wird.

Zwischenstopp: Umsatzsteuer-Identifikationsnummer

Mit der Identifikationsnummer weisen sowohl der Empfänger als auch der Leistende ihre Unternehmereigenschaft nach. Gleichzeitig erklärt der Empfänger mit Angabe der Umsatzsteuer-Identifikationsnummer, dass er den Einkauf für sein Unternehmen und nicht etwa für private Zwecke verwendet. Beide Umsatzsteuer-Identifikationsnummern sind auf der Ausgangsrechnung aufzuführen. Der Unternehmer hat die Verpflichtung die mitgeteilte Nummer seines Geschäftspartners zu überprüfen. Dazu kann er unter der Internetadresse http://evatr.bff-online.de/eVatR die erhaltene Identifikationsnummer eintragen. Er bekommt eine Bestätigung, ob die Nummer tatsächlich existiert. Diese Bestätigung muss für Nachweiszwecke ausgedruckt und zu den Unterlagen gelegt werden. Die Abfrage der Umsatzsteuer-Identifikationsnummer muss natürlich nur beim ersten geschäftlichen Kontakt und nicht bei jeder Folgelieferung erfolgen.

Als weitere Kontrolle muss der leistende Unternehmer monatlich eine zusammenfassende Meldung beim Finanzamt einreichen. Wurde in den letzten vier Quartalen weniger als jeweils 50.000 € in das europäische Ausland exportiert, ist auch eine vierteljährliche Abgabe möglich. Abgabetermin ist jeweils der 25. des Folgemonats. In dieser Meldung sind alle Warenlieferungen und sonstige Leistungen in das Gemeinschaftsgebiet nach den einzelnen Empfängern (Identifikationsnummer) und der Höhe der erbrachten Warenlieferungen bzw. Leistungen aufzuführen. Diese Meldevorschriften existieren, um den Betrug mit der Umsatzsteuer vorzubeugen. Innerhalb der Europäischen Gemeinschaft (EG) existieren seit 1993 keine Zölle und Grenzkontrollen mehr. Aus diesem Grunde wurde dieses Verfahren eingeführt.
Es muss sichergestellt bleiben, dass jeder steuerpflichtige Umsatz auch besteuert wird.

Sonstige steuerbefreite Umsätze

Der Paragraph 4 des Umsatzsteuergesetzes ist der Katalog der steuerbefreiten Umsätze. Während der erste Teil der Norm die Steuerbefreiung über den Ort des ausgeführten Umsatzes definiert (bis 4 Nr. 7 UStG), ergeben sich nachfolgende beispielhafte Umsatzsteuerbefreiungen durch die Art des ausgeführten Umsatzes.

- Die Umsätze für Kreditvermittlungen und sonstige Bankgeschäfte sind von der Umsatzsteuer befreit (§4 Nr. 8a bis 8i UStG)

- Alle Umsätze, die unter das Grunderwerbsteuergesetz fallen (§ 4 Nr. 9 UStG), sind steuerfrei. Unter das Grunderwerbsteuergesetz fallen z.B. die Veräußerungen von Immobilien und Grundstücken. Sowohl die Grunderwerbsteuer, als auch die Umsatzsteuer ist eine Steuer auf Verkehrsvorgänge (siehe Lektion 1). Um eine doppelte Besteuerung zu vermeiden, sind diese Umsätze steuerbefreit.

- Das Gleiche gilt für die Umsätze, die unter das Versicherungsgesetz fallen. (§ 4 Nr. 10 UStG). Die Versicherungssteuer besteuert bereits die sonstige Leistung „Verschaffung von Versicherungsschutz“.

- Befreit ist die langfristige Vermietung von Grundstücken und Räumen (§ 4 Nr. 12 UStG). Dabei handelt es sich um eine politische Entscheidung. Die Überlassung von Wohnraum soll nicht durch die Besteuerung mit Umsatzsteuer künstlich verteuert werden.

- Die „Gesundheitsumsätze“ (Arzt, Zahnarzt, Heilpraktiker, Krankenhäuser etc., § 4 Nr. 14 bis § 4 Nr. 17 UStG). Diese Steuerbefreiungen existieren, um die Sozialversicherungsträger (z.B. Krankenkassen) finanziell zu entlasten.

- Kulturelle Einrichtungen wie Museen, botanische Gärten, Theater die im Eigentum des deutschen Staates stehen, oder die privat organisiert sind, aber die gleichen kulturellen Aufgaben erfüllen (muss durch eine Bescheinigung nachgewiesen werden § 4 Nr. 20a – b UStG). Der Besuch derartiger kultureller Einrichtungen soll nicht durch die Besteuerung mit der Umsatzsteuer verteuert werden.

- Die Schul- und Bildungszwecken dienenden Leistungen (§ 4 Nr. 21 UStG) von privaten Schulen und Dozenten

- Die Betreuung von Kindern und Jugendlichen (z.B. durch deutsche Jugendherbergen), Leistungen der Jugendhilfe (§ 4 Nr. 23 bis § 4 Nr. 25 UStG)

Fall 108: Umsatzsteuerbefreite Umsätze II

Die „Sommerfrische GmbH“ (Fall 106) führte noch nachfolgende Umsätze aus. Handelt es sich um steuerbefreite Umsätze?

a) Lieferung von Mineralwasser in die Schweiz an einen Getränkegroßhändler

b) Lieferung von Mineralwasser nach Spanien an einen Getränkegroßhändler

c) Langfristige Vermietung einer Werkwohnung an den Geschäftsführer zu a): es handelt sich um eine Ausfuhrlieferung die gemäß § 4 Nr. 1a UStG i.V.m. § 6 UStG steuerbefreit ist.

zu b): Es handelt sich um eine innergemeinschaftliche Lieferung. Diese ist gemäß § 4 Nr. 1b UStG steuerbefreit.

zu c): Die langfristige Vermietung von Wohnraum ist ebenfalls steuerfrei gemäß § 4 Nr. 12 UStG.

Der Verzicht auf die Steuerbefreiungen nach § 4 UStG

Für bestimmte Umsätze kann der Unternehmer den Verzicht auf die Steuerbefreiungen erklären (§ 9 UStG). Mit dem Verzicht erklärt er, dass er die Umsätze trotz einer bestehenden Steuerbefreiung besteuern möchte.

Warum sollte jemand freiwillig auf eine Steuerbefreiung verzichten?

Der Grund für einen solchen Verzicht, liegt in der Systematik des Umsatzsteuerrechtes. Sie dürfen nur die Vorsteuern (die Umsatzsteuer die Ihnen von anderen Unternehmern in Rechnung gestellt wird) vom Finanzamt zurückverlangen, die Sie im Zusammenhang mit eigenen umsatzsteuerpflichtigen Umsätzen bezahlt haben (§ 15 Abs. 2 UStG).

Sind Sie Unternehmer und führen nur von der Umsatzsteuer befreite Umsätze aus (z.B. langfristige Vermietung, Arztumsätze), dürfen Sie auch keine bezahlte Vorsteuer geltend machen. Trotz Ihrer Unternehmereigenschaft werden Sie dann umsatzsteuerlich wie ein Endverbraucher behandelt.

Fall 109: Option zur steuerpflichtigen Vermietung

Die „Palais Schaumburg Bauträger GmbH" errichtet ein Bürohaus. An diverse Baufirmen wurden fünf Millionen € zuzüglich 950.000 € für die einzelnen Bauabschnitte bezahlt. Die GmbH hat die Möglichkeit das Bürohaus sowohl steuerfrei an eine Innungskrankenkasse als auch steuerpflichtig an ein offenes Architektenbüro für jeweils 100.000 €/Jahr zu vermieten. Was raten Sie der Firma?

Die Option zur steuerpflichtigen Vermietung an das Architektenbüro ist möglich, da die Architekten wiederum steuerpflichtige Umsätze ausführen und die für die Vermietung in Rechnung gestellte Umsatzsteuer als Vorsteuer abziehen können. Die Vorsteuerabzugsberechtigung des Mieters ist eine Grundvoraussetzung für die Option zur langfristigen steuerpflichtigen Vermietung. (§ 9 Abs. 2 UStG)

Aus diesem Grund ist eine Option zur steuerpflichtigen Vermietung an die Innungskrankenkasse **nicht** möglich, weil diese nur steuerfreie Umsätze (§ 4 Nr. 15 UStG) ausführt und somit keinen Anspruch auf einen Vorsteuerabzug hat.

Vermietet die „Palais Schaumburg Bauträger GmbH" an die Innungskrankenkasse, erfolgt das für 100.000 € netto (ohne Umsatzsteuer) im Jahr. Gleichzeitig können die bezahlten Vorsteuern nicht geltend gemacht werden.

Vermietet die „Palais Schaumburg Bauträger GmbH" an das Architekturbüro würde die Umsatzsteuererklärung für das Jahr wie folgt aussehen:

Steuerpflichtige Umsätze	100.000 €	
darauf 19 % Umsatzsteuer		19.000 €
abzüglich eigene gezahlte Umsatzsteuer (Vorsteuer)		./. 950.000 €
Guthaben (vom Finanzamt zu erstatten)		./. 931.000 €

Es ergibt sich also ein Liquiditätsvorteil von 931.000 € im ersten Jahr. Aufgrund dieser Systematik (Abzug der Vorsteuer) ist man als Unternehmer auch bestrebt, bei Neubauten möglichst steuerpflichtige Vermietungsumsätze auszuführen.

Neben der Option zur steuerpflichtigen, langfristigen Vermietung können z.B. die Banken für ihre Umsätze zur Steuerpflicht optieren.

Diese Option greift jedoch ebenfalls nur gegenüber Unternehmern, die steuerpflichtige Umsätze ausführen. Die Bankgebühr für das Rentenkonto von Oma Trude bleibt weiterhin (Umsatz-)steuerfrei.

Übersicht 16: Optionen zur Steuerpflicht

Norm	Zweck	Beispiel
§ 4 Nr. 8 a	Kreditgewährung/-vermittlung	Darlehensvermittler
§ 4 Nr. 8 b	Gewährung/Vermittlung von Zahlungsmitteln	Fremdwährung
§ 4 Nr. 8 c	Forderungsgeschäfte	Factoring
§ 4 Nr. 8 d	sonstige Bankumsätze	Girokonto
§ 4 Nr. 8 e	Wertpapierkauf/-verkauf	Börsenmakler
§ 4 Nr. 8 f	Handel mit Gesellschaftsanteilen	Geschlossene Fonds
§ 4 Nr. 8 g	Bürgschafs-, Verbindlichkeitenübernahme	Kreditbürge Avalprov.
§ 4 Nr. 12 1)	langfristige Vermietung Immobilien	Gewerberäume
§ 4 Nr. 12 2)	Immobilienverkauf	Notar/Zwangsversteigerung
4 Nr. 12 3)	Übertragung Erbbaurechte	Erbpachtvertrag
§ 4 Nr. 13	Wohnungseigentümergemeinschaft	Bewirtschaftung Gemeinschaftseigentum
§ 4 Nr. 19	Blindenhandwerk	Warengeschäfte an UN

Der Steuersatz (§ 12 UStG)

Wie im Fall 103 dargestellt, beträgt der Regelsteuersatz in Deutschland 19 %. Damit befindet sich Deutschland im Mittelfeld. Die Regelsteuersätze in Europa betragen zwischen 8 % (Liechtenstein, Schweiz) und 27 % (Ungarn). Neben dem Regelsteuersatz existiert jedoch noch ein ermäßigter Steuersatz. Dieser Steuersatz beträgt derzeit 7 % (§ 12 Abs. 2 UStG) und gilt für bestimmte Lieferungen (z.B. Lebensmittel) oder Leistungen (Filmvorführungen, Zirkusvorstellungen). Die ermäßigte Besteuerung erfolgt ebenfalls, wie bei einem Teil der Steuerbefreiungen, aus politischen Erwägungen.

Zum Umsatzsteuergesetz existiert eine Anlage 2 („Liste der dem ermäßigten Steuersatz unterliegenden Gegenstände"). In dieser Anlage sind abschließend die dem ermäßigten Steuersatz unterliegende Gegenstände aufgeführt. Das reicht von Pferden bis zu Kunstgegenständen.

Die sonstigen ermäßigt besteuerten Leistungen finden Sie im § 12 Abs. 2 UStG.

Leitsatz 29

Begünstigte Umsätze im Umsatzsteuerrecht

Abhängig vom Ort der Lieferung/Leistung oder von der Art des Umsatzes, unterliegen bestimmte Umsätze nicht der Umsatzsteuer. Sie sind steuerfrei. Diese **Befreiungen** sind im **§ 4 UStG** aufgeführt. Für in Deutschland ausgeführte steuerbefreite Umsätze ist der **Vorsteuerabzug ausgeschlossen**. Für bestimmte Leistungen ist eine **Option** zur (Umsatz-) Steuerpflicht **möglich**. (§ 9 UStG). Andere Umsätze sind dadurch begünstigt, dass Sie nur einen **ermäßigten Steuersatz** von derzeit 7 % unterliegen.

Die Umkehrung der Steuerschuld (§ 13b UStG)

Bisher war die Umsatzbesteuerung für in Deutschland ausgeführte Umsätze klar. Der leistende Unternehmer, schrieb eine Rechnung, vereinnahmte neben dem eigenen Erlös die Umsatzsteuer und führte diese an das zuständige Finanzamt ab (nach Verrechnung mit den gezahlten Vorsteuerbeträgen).

Doch was ist, wenn z.B. der leistende Unternehmer nicht im Inland ansässig ist?

In diesem Fall ist der Leistungsempfänger (als Unternehmer) verpflichtet, die Umsatzsteuer an das „eigene" Finanzamt abzuführen.

Der leistende, ausländische Unternehmer erhält nur den Nettobetrag.

Fall 110: Umkehrung der Steuerschuld

Die „Baldrian GmbH", ließ sich von der Fliesenfirma Wichnarek, ansässig in Krakau, den Eingangsbereich des Firmensitzes neu verfliesen.

Diese stellte darüber eine Rechnung gemäß § 13b UStG in Höhe von 20.000 € aus.

Angenommen, es existieren keine weiteren Geschäftsvorfälle für die „Baldrian GmbH, außer dieser einen Eingangsrechnung.

Wie sieht dann die Umsatzsteueranmeldung gegenüber dem Finanzamt aus?

Die „Baldrian GmbH" meldet dem Finanzamt:

Umsätze eines im Ausland ansässigen Unternehmers	20.000 €
einbehaltene Umsatzsteuer	3.800 €
abzüglich Vorsteuer aus den Umsätzen eines im Ausland ansässigen Unternehmers./.	3.800 €
Umsatzsteuerschuld	0 €

Die an das Finanzamt gezahlte Umsatzsteuer ist selbstverständlich als Vorsteuer abziehbar, da die Leistung für den unternehmerischen Bereich bezogen wurde und die „Baldrian GmbH" ihrerseits steuerpflichtige Umsätze ausführt.

Doch worin steckt dann der Sinn der Vorschrift?

Wenn die Vorschrift nicht existieren würde, bezahlte die „Baldrian GmbH" an die Firma Wichnarek insgesamt 23.800 € und würde die gezahlten 3.800 € vom Finanzamt als Vorsteuer zurückerhalten.

Der Aufwand für die „Baldrian GmbH" wäre mit 20.000 € gleich geblieben.

Was würde aber passieren, wenn die Firma Wichnarek zurück nach Krakau geht, ohne eine Umsatzsteuervoranmeldung in Deutschland abzugeben?

Per Saldo würden also 3.800 € an Umsatzsteuer dem Finanzamt „verloren“ gehen. Um das Besteuerungsverfahren zu vereinfachen und um Betrugsversuche zu erschweren, wird in den Fällen die Steuerschuldnerschaft auf den Leistungsempfänger abgewälzt.

Diese dargestellte Umkehrung der Steuerschuldnerschaft wird unter anderem auch bei Leistungen zwischen Baufirmen und bei (optierten) Umsätzen, die unter das Grunderwerbsteuergesetz fallen, angewendet.

Beispiele für Umkehrung der Steuerschuldnerschaft nach § 13b UStG)

Norm	Zweck
§ 13 b (2) Nr 1	Werklieferungen/sonstige Leistungen ausländischer Unternehmer
§ 13 b (2) Nr 3	Verkauf von Grundstücken Immobilien (wenn optiert nach § 9)
§ 13 b (2) Nr 4	Bauleistungen von Bauunternehmer an Bauunternehmer
§ 13 b (2) Nr 8	Reinigungsleistungen als Subunternehmer erbracht

Die Ausstellung von Rechnungen im Umsatzsteuerrecht (§ 14 UStG)

Die Systematik des Umsatzsteuerechtes ist sehr betrugsanfällig. Das hängt mit dem Erstattungsanspruch der gezahlten Vorsteuer zusammen.

Die Vorsteuer ist erstattungsfähig wenn

- die Leistung erbracht wurde und
- eine ordnungsgemäße Rechnung vorliegt oder
- wenn die Rechnung vorliegt und

- diese vor Ausführung der Leistung bereits bezahlt wurde (§ 15 Abs. 1 UStG)

Bevor ein Unternehmer die Rechnung bezahlt hat, kann er also die Vorsteuer aus der Rechnung gegenüber dem Finanzamt melden und sich erstatten lassen.

Fall 111: Ein Fall von Umsatzsteuerbetrug

Es existieren zwei Firmen, die „Claas GmbH“ und die „Clever GmbH“. Die „Claas GmbH“ stellt der „Clever GmbH“ im April 01 eine Rechnung über 500.000 € zuzüglich 19 % Umsatzsteuer also insgesamt 595.000 € aus.

Die „Clever GmbH“ gibt die Voranmeldung für April 01 ab, bevor die Rechnung bezahlt wurde. Das Finanzamt zahlt aufgrund der Voranmeldung 95.000 € an Vorsteuerguthaben aus.

Die „Claas GmbH“ „vergisst“ jedoch für April 01 eine Voranmeldung abzugeben und die Umsatzsteuer zu bezahlen. Es folgen mehrfache Aufforderungen durch das zuständige Finanzamt die Voranmeldungen einzureichen. Der Geschäftsführer der „Claas GmbH“ hat irgendwann genug und taucht unter. Die „Claas GmbH“ ist vermögenslos und muss Insolvenz anmelden.

Wie hoch ist der entstandene Schaden?

Per Saldo wurden 95.000 € ausbezahlt, ohne dass dem eine Einnahme an Umsatzsteuer gegenüberstand. Der „Fiskus“ erleidet also einen Schaden in dieser Höhe.

Um solche Betrugsversuche zu erschweren, wurden zahlreiche formale Anforderungen im Umsatzsteuerrecht und im allgemeinen Steuerrecht aufgenommen z.B.

- Die Umkehrung der Steuerschuldnerschaft (§ 13b UStG) (der dargestellte Umsatzsteuerbetrugs-Fall war gerade im Baugewerbe gang und gäbe)

- Führen die Steueranmeldungen (Umsatzsteuervoranmeldung) zu einem Vergütungsanspruch, so erfolgt die Auszahlung erst nach Zustimmung des Finanzamtes (§ 168 AO).

- Die Zustimmung des Finanzamtes erfolgt bei größeren Vorsteuererstattungsbeiträgen in der Regel erst, wenn die dem Vorsteueranspruch begründende Rechnungen in Kopie vorgelegt werden.

Steuertipp: *Geben Sie eine Umsatzsteuervoranmeldung mit einem hohen Steuerguthaben ab, so schicken Sie parallel dazu die für den Vorsteuerabzug wesentlichen Rechnungen in Kopie an das zuständige Finanzamt. Dadurch beschleunigen Sie die Auszahlung des Guthabens ganz erheblich.*

Aus den dargestellten Gründen, bestehen sehr hohe Anforderungen an eine ordnungsgemäße, dem Vorsteuerabzug begründende Rechnung.

Hierzu nun die Übersicht 17 über die formalen Rechnungsanforderungen gemäß § 14 Abs. 4 UStG:

Übersicht 17: Die formalen Rechnungsanforderungen gemäß § 14 Abs. 4 UStG

- **Vollständiger Name und Anschrift** des Leistungsempfängers und des leistenden Unternehmens;
- Die dem leistenden Unternehmer erteilte **Steuernummer**, oder die Umsatzsteuer-Identifikationsnummer;
- Eine nachvollziehbare fortlaufende **Nummerierung** der Rechnungen
- **Genaue Bezeichnung** der Menge und Art der gelieferten Ware, oder Umfang und Art der sonstigen Leistung (z.B. „Lieferung von 300 kg Kartoffeln" nicht „Lieferung von 300 kg Lebensmitteln")
- Das **Rechnungsdatum**
- **Zeitpunkt** der erfolgten Lieferung oder der erbrachten Leistung, bzw. Zeitpunkt der Vereinnahmung des Entgelts, sofern der Zeitpunkt feststeht.
- **Aufteilung des Entgelts nach Steuersätzen** (Sie lieferten z.B. 300 kg Kartoffeln für netto 150 € mit einem USt Satz 7 % zu zahlende Umsatzsteuer 10,50 € und dazu 5 Flaschen Rum zu netto 30 € mit einem USt Satz 19 % zu zahlende Umsatzsteuer 5,70 €)

- **Hinweis auf die Steuerfreiheit** bei steuerfreien ausgeführten Lieferungen und Leistungen
- **Hinweis auf** eine vereinbarte **Minderung** des Rechnungsbetrages (Skontovereinbarungen, oder Hinweis auf Umsatzbonus)

Als Unternehmer haben Sie einen Rechtsanspruch auf eine ordnungsgemäß ausgestellte Rechnung. Ist eine Rechnung nicht ordnungsgemäß ausgestellt, können Sie eine Berichtigung verlangen!

Steuertipp: *Für Rechnungen bis netto 150 € gelten vereinfachte Vorschriften (§ 33 UStDV). Bei diesen Kleinbetragsrechnungen wird der Vorsteuerabzug nicht beanstandet wenn,*
- *die Steuernummer oder Umsatzsteueridentifikationsnummer fehlt;*
- *der genaue Zeitpunkt der Lieferung/Leistung nicht angegeben ist;*
- *das Entgelt und der Steuersatz nicht extra aufgeschlüsselt wird. Es genügt die Darstellung in einer Summe (z.B. Kartoffeln 7 % Umsatzsteuer 160,50 € brutto)*

Übrigens müssen Sie als Unternehmer alle geschriebenen (in Kopie) und erhaltenen Rechnungen zehn Jahre aufbewahren!

Allgemeine Grundsätze zum Vorsteuerabzug (§ 15 und § 15a UStG)

Vorsteuer ist:

- die einem von einem anderen Unternehmen in Rechnung gestellte Umsatzsteuer
- die Umsatzsteuer, die beim Zoll bezahlt werden muss, wenn Gegenstände aus einem Drittland (Schweiz, Japan etc.) eingeführt wird. Der Fachbegriff dafür lautet Einfuhrumsatzsteuer
- die Umsatzsteuer die für einen innergemeinschaftlichen Erwerb bezahlt wird (Fiktion der eigenen Umsätze siehe Einführung Lektion 16)

- die Steuer bei der Umkehrung der Steuerschuldnerschaft gemäß § 13b UStG

Ein Vorsteuerabzug ist ausgeschlossen:

- für die Vorsteuer, die in den nicht abziehbaren Betriebsausgaben (außer bei angemessenen Bewirtungsaufwendungen) enthalten ist (siehe Lektion 6)

- wenn keine ordnungsgemäße Rechnung vorliegt

- bei Ausführung steuerfreier Umsätze, es sei denn die Steuerbefreiung gründet nur darauf, dass der Ort der erbrachten Lieferung/ Leistung nicht im Inland ist (Ausfuhrlieferung, innergemeinschaftliche Lieferung)

Ein anteiliger Vorsteuerabzug ist möglich, wenn der angeschaffte Gegenstand sowohl für (umsatz-)steuerpflichtige als auch freie Umsätze verwendet wird. Eine Aufteilung ist per Schätzung möglich.

Fall 112: Aufteilung der Vorsteuer

Die „Palais Schaumburg Bauträger GmbH“ (siehe Fall 109) entschließt sich das Bürohaus, jeweils zur Hälfte (je 250 m^2) an das Architekturbüro und an die Innungskrankenkasse zu vermieten.

Wie ist mit dem Vorsteuerabzug zu verfahren?

Die abzugsfähige Vorsteuer beträgt 50 %. Die Hälfte des Gebäudes wird für eine steuerfreie Vermietung (an die Innungskrankenkasse, keine Option zur Steuerpflicht möglich) und zur Hälfte steuerpflichtig (Architekturbüro) vermietet.

Die „Palais Schaumburg Bauträger GmbH“ kann also 475.000 € gezahlte Vorsteuer (50 % von 950.000 €) dem Finanzamt melden und hat einen entsprechenden Erstattungsanspruch.

Fall 113: Korrektur der Vorsteuer § 15a UStG

Zwei Jahre später kommt es aufgrund einer Betriebskostenabrechnung zu einem heftigen Streit zwischen der „Palais Schaumburg Bauträger GmbH“ und dem Architektenbüro. Das Büro kündigt. Ab dem dritten

Jahr mietet die Innungskrankenkasse die frei werdenden Flächen hinzu. Hat die Neuvermietung Auswirkungen auf den in den Vorjahren geltend gemachten Vorsteuerabzug?

Ja, das hat die Neuvermietung in der Tat!

Im Umsatzsteuerrecht existiert eine Korrekturnorm für die Berichtigung des Vorsteuerabzugs (§ 15a UStG). Hintergrund ist, dass bei wesentlichen Steuererstattungsbeiträgen die angeschafften Gegenstände auch über einen langen Zeitraum für (umsatz-)steuerpflichtige Umsätze verwendet werden sollen. Kommt es innerhalb des festgelegten Betrachtungszeitraumes zu einer Änderung, werden die Vorsteuerbeträge entsprechend korrigiert.

Der Betrachtungszeitraum beträgt bei Immobilien zehn Jahre und bei beweglichen Wirtschaftsgütern fünf Jahre.

Die Korrektur des Vorsteuerabzuges erfolgt folgendermaßen:

1. Es wird geschaut, wie sich der Umsatz, gegenüber der erstmaligen Verwendung geändert hat.

2. Die Höhe des zu berichtigenden Vorsteuerabzugs ist zu ermitteln. Dieser Betrag wird durch zehn bei Immobilien (zehnjähriger Berichtigungszeitraum) oder durch fünf bei Mobilien (fünfjähriger Berichtigungszeitraum) geteilt.

3. Das Ergebnis ist die zu berichtigende Vorsteuer pro Jahr.

Erstmalige Verwendung des Bürogebäudes	50 % steuerpflichtig vermietet
Aktuelle Verwendung des Bürogebäudes	0 % steuerpflichtig vermietet

Die Änderung der Verhältnisse beträgt 100 %!

Der gesamte geltend gemachte Vorsteuerabzug ist zu korrigieren.

475.000 €/10 Jahre = 47.500 €/Jahr.

Die zu korrigierende Vorsteuer beträgt 47.500 € im Jahr.

Beginn der Vermietung

Jahr 01 50 % steuerpflichtig vermietet (keine Vorsteuerkorrektur)
Jahr 02 50 % steuerpflichtig vermietet (keine Vorsteuerkorrektur)

Änderung der Verhältnisse

Jahr 03 0 % steuerpflichtig vermietet (Vorsteuerkorrektur) ➡ Rückzahlung von 47.500 € Vorsteuern an das FA

Jahr 04 0 % steuerpflichtig vermietet (Vorsteuerkorrektur) ➡ Rückzahlung von 47.500 € Vorsteuern an das FA

Jahr 05 0 % steuerpflichtig vermietet (Vorsteuerkorrektur) ➡ Rückzahlung von 47.500 € Vorsteuern an das FA und so weiter

Die Korrektur kann natürlich auch in die andere Richtung erfolgen.

Würde die Innungskrankenkasse ausziehen und das Architektenbüro die frei werdende Fläche (umsatz-)steuerpflichtig anmieten, hätte die „Palais Schaumburg Bauträger GmbH" ab dem Jahr 04 eine Vorsteuerforderung in Höhe von 47.500 € gegenüber dem Finanzamt!

Hinweis: *Beträgt die zu berichtigende Vorsteuer nicht mehr als 1.000 €, wird aus Vereinfachungsgründen auf eine spätere Korrektur verzichtet (§ 44 UStDV).*

Soll- und die Istbesteuerung (§ 16, § 20 UStG)

Grundsätzlich erfolgt die Besteuerung mit Umsatzsteuer nach vereinbarten Entgelten.

Das bedeutet, wird eine Lieferung oder sonstige Leistung ausgeführt, ist die Umsatzsteuer in dem Moment entstanden und für den entsprechenden Voranmeldungszeitraum fällig. Der leistende Unternehmer muss die Umsatzsteuer dem Finanzamt melden und abführen, auch wenn der Leistungs- (Rechnungs-) Empfänger noch nicht bezahlt hat. Dieser Grundfall ist die Sollbesteuerung.

Auf Antrag kann jedoch die Istbesteuerung gewährt werden. In dem Fall ist die Umsatzsteuer erst anzumelden und abzuführen wenn die entsprechende Rechnung bezahlt wurde. Das bedeutet einen erheblichen Liquiditätsvorteil für den leistenden Unternehmer. Er muss die Umsatzsteuer nicht vorfinanzieren.

Die Istbesteuerung wird jedoch auf Antrag nur gewährt, wenn die Umsätze der GmbH nicht mehr als 500.000 € (im Vorjahr) betragen haben.

Steuertipp: *Sind Sie Gründer einer GmbH und füllen den steuerlichen Erfassungsbogen aus, beantragen Sie immer die Besteuerung nach vereinnahmten Entgelten (Ist-Besteuerung). Bei einer Neugründung liegen Sie unter den angeforderten Umsatzgrenzen des Vorjahres und gerade bei Beginn der Tätigkeit sollten Sie Ihre finanziellen Mittel zusammenhalten.*

Die Steueranmeldungen gegenüber dem Finanzamt (§ 18 UStG)

Ständig taucht in den bisherigen Ausführungen der Begriff der Steueranmeldung gegenüber dem Finanzamt auf.

Wann ist jedoch eine Meldung einzureichen? Wie sind die Fristen?

Grundsätzlich gilt:

Der reguläre Voranmeldungszeitraum für die Umsatzsteuer ist das Kalendervierteljahr. Beträgt die gemeldete und abgeführte Umsatzsteuer des Vorjahres mehr als 7.500 € (eigene Umsatzsteuer abzüglich gezahlter Vorsteuer), ist der Kalendermonat Voranmeldungszeitraum. Beträgt die gemeldete Steuer weniger als 1.000 € ist nur eine jährliche Umsatzsteuererklärung abzugeben.

Wurde ein Unternehmen neu gegründet, gilt, für die ersten zwei Jahre der unternehmerischen Tätigkeit, generell der Kalendermonat als Voranmeldungszeitraum, unabhängig von der Höhe der gemeldeten Steuer. Diese Regelung existiert ebenfalls um Betrugsversuchen vorzubeugen.

Die Voranmeldungen sind bis zum 10. Tag nach Ende des Voranmeldungszeitraumes einzureichen. Die Steueranmeldungen sind elektronisch (Elsterverfahren) zu übermitteln.

Zwischenstopp: Elsterverfahren

Unter Elsterverfahren wird der elektronische Versand von Steuererklärungen und Voranmeldungen verstanden.
Die Finanzverwaltung stellt dafür im Internet eine Software zur Verfügung (www.elster.de). Damit lassen sich die Steuererklärungen an das Finanzamt elektronisch übermitteln.

Der Unternehmer kann eine Dauerfristverlängerung für die Abgabe der Voranmeldungen beantragen. Das bedeutet, dass er einen Monat länger Zeit hat, seine Voranmeldungen einzureichen.

Fall 114: Dauerfristverlängerung

Die „Säbelzahn GmbH" mit Sitz in Pforzheim hat als Voranmeldungszeitraum für die Umsatzsteuermeldung das Kalendervierteljahr. Die Gesellschaft hat eine Dauerfristverlängerung beim Finanzamt beantragt. Wann ist für das erste Kalendervierteljahr 01.01. bis 31.03. die Voranmeldung spätestens einzureichen?

Die Voranmeldung für das erste Kalendervierteljahr muss statt am 10. April spätestens am 10. Mai beim Finanzamt eingereicht sein.

Die Zahlung der Umsatzsteuer aufgrund der eingereichten Voranmeldung verschiebt sich entsprechend auch um einen Monat, bis spätestens zum 10. Mai.

Hat der Unternehmer den Kalendermonat als Voranmeldungszeitraum, muss er mit dem Antrag auf Dauerfristverlängerung zum 10.02. eines Jahres einen Obolus an das Finanzamt bezahlen. Dieser beträgt 1/11 der (Umsatz-)Steuerzahlung des Vorjahres und wird mit der Voranmeldung für den Monat Dezember zurückbezahlt. Der Grund dieser Regelung liegt im Liquiditätsvorteil für das Unternehmen. Das Finanzamt möchte an diesem Vorteil „beteiligt" werden.

Unternehmensgründer müssen daher vorerst im ersten Jahr keine Sondervorauszahlung leisten. Eine Sondervorauszahlung kann, – muss aber nicht –, durch das Finanzamt, anhand der laufenden Umsätze, nachträglich festgesetzt werden.

Fall 115: Sondervorauszahlung

Die „Krumme Lanke GmbH" mit Sitz in Berlin hatte im Jahr 01 eine Umsatzsteuerzahllast in Höhe von 11.000 €.

a) Wie hoch ist die Sondervorauszahlung für das Jahr 02, wenn die Firma eine Dauerfristverlängerung beantragt hat?

b) Wie hoch ist die Umsatzsteuerzahlung für den Monat Dezember 02 wenn an zu zahlender Umsatzsteuer 1.800 € und an bezahlter Vorsteuer 500 € gemeldet wurden?

zu a): Zusammen mit dem Antrag auf Dauerfristverlängerung muss die Firma 1.000 € (1/11 von 11.000 €) an das Finanzamt bezahlen.

zu b): Für den Monat Dezember 02 ergibt sich folgende Berechnung:

Umsatzsteuer		1.800 €
abzüglich gezahlter Vorsteuer	./.	500 €
abzüglich festgesetzter Sondervorauszahlung	./.	1.000 €
noch zu zahlen		300 €

Zusammen mit dem Jahresabschluss und den anderen betrieblichen Steuererklärungen (Körperschaftsteuererklärung, Gewerbesteuererklärung) muss auch eine jährliche Umsatzsteuererklärung beim Finanzamt eingereicht werden. In dieser werden die gesamten Umsätze und die gesamten, gezahlten Vorsteuerbeträge saldiert dargestellt und die bereits geleisteten Zahlungen auf die Umsatzsteuerschuld abgezogen.

Ergibt sich aufgrund der Jahreserklärung eine Nachzahlung an Umsatzsteuer, so ist diese automatisch einem Monat nach Einreichung beim Finanzamt fällig! Es ergeht in der Regel keine gesonderte Zahlungsaufforderung.

Darin liegt ein wesentlicher Unterschied zur Körperschaftsteuer und zur Gewerbesteuer. Eine Nachzahlung bei diesen Steuerarten ist erst vier Wochen nach Bescheideingang zu entrichten!

Sollten besondere Lieferungen und Leistungen ausgeführt worden sein, sind diese zusammen mit der Abgabe der Umsatzsteuerjahreserklärung in der Anlage UR zu erklären. Bei der Anlage UR handelt es sich um ein „Auffangbecken" in der alle Umsätze erklärt werden, die von der normalen Besteuerung mit Umsatzsteuer in Deutschland abweichen.

Die Anlage UR ist z.B. einzureichen, wenn

- innergemeinschaftliche Erwerbe oder
- steuerfreie Lieferungen (beispielsweise steuerfreie Vermietung), oder
- § 13b Sachverhalte (Umkehrung der Steuerschuldnerschaft) oder
- der Verzicht auf Steuerbefreiung (Option zur Umsatzsteuer § 9 UStG)

im abgelaufenen Jahr vorlagen. Wenn keine außergewöhnlichen umsatzsteuerlichen Vorgänge vorlagen, genügt ein Kreuz in der Umsatzsteuerjahreserklärung, dass die Anlage UR nicht eingereicht wird.

Übersicht 18: Umsatzsteuerliches Prüfschema

1. Prüfschritt

Es erfolgte eine

a) **Lieferung oder sonstige Leistung**

b) im **Inland**

c) durch ein **Unternehmer**

d) im **Rahmen des Unternehmens**

e) gegen **Entgelt**

Mindestens ein Merkmal Nein ➡ nicht steuerbar (ohne Umsatzsteuer)
Alle Merkmale Ja ➡ steuerbar

2. Prüfschritt

→

Unterliegt der steuerbare Umsatz einer Steuerbefreiung gemäß § 4 UStG?

Ja ➡ Umsatz wird ohne Umsatzsteuer ausgeführt

2 a. Kann und soll bei diesem steuerbefreiten Umsatz zur Steuerpflicht gemäß § 9 UStG optiert werden?

Nein ➡ Umsatz wird ohne Umsatzsteuer ausgeführt

Ja ➡ Behandlung als steuerpflichtiger Umsatz

Nein ➡ Umsatz unterliegt der Umsatzsteuer

3. Prüfschritt

Handelt es sich um einen Umsatz für den der ermäßigte Umsatzsteuersatz von 7 % gilt?

Ja ➡ Umsatz wird mit 7 % besteuert

Nein ➡ Umsatz wird mit 19 % besteuert

Lektion 17: Die umsatzsteuerliche Organschaft

Auch das Umsatzsteuerrecht kennt den Begriff der Organschaft (§ 2 Abs. 2 UStG). Wie Sie mit Hilfe der Organschaft umsatzsteuerliche Belastungen bei steuerfreien Ausgangsumsätzen minimieren können, erfahren Sie in dieser Lektion.

Grundvoraussetzung für eine Organschaft ist wiederum das Vorliegen von zwei Firmen. Während die Organgesellschaft eine juristische Person (also z.B. eine GmbH) sein muss, ist für den Organträger keine Rechtsform vorgeschrieben. Die Organgesellschaft muss wirtschaftlich, finanziell und organisatorisch in das Unternehmen des Organträgers eingegliedert sein. Diese Voraussetzungen unterscheiden sich etwas von den Voraussetzungen der körperschaftsteuerlichen bzw. gewerbesteuerlichen Organschaft.

Was ist also darunter zu verstehen?

Die wirtschaftliche Eingliederung bedeutet, dass die Organgesellschaft nach dem Willen des Organträgers in das Gesamtunternehmen eingegliedert ist und wirtschaftlich eng zusammenarbeitet.

Die finanzielle Eingliederung ergibt sich ebenfalls aus dem Mehrheitsbesitz von Anteilen des Organträgers bei der Organgesellschaft.

Die organisatorische Verbundenheit erfolgt in der Regel dadurch, dass der Geschäftsführer des Organträgers ebenfalls Geschäftsführer der Organgesellschaft ist.

Sind diese Voraussetzungen gegeben, liegt eine umsatzsteuerliche Organschaft vor.

Wichtig: Die drei Voraussetzungen müssen nicht im gleichen Maße stark ausgeprägt sein.

Die umsatzsteuerliche Organschaft entsteht sobald die Voraussetzungen vorliegen, unabhängig vom Willen des Unternehmers!

Das ist ein gravierender Unterschied zur körperschaftsteuerlichen bzw. gewerbesteuerlichen Organschaft. Dort entsteht die Organschaft nur durch entsprechende Willensentscheidung (Gewinnabführungsvertrag).

Auswirkungen der umsatzsteuerlichen Organschaft

Mit Vorliegen einer umsatzsteuerlichen Organschaft verliert die Organgesellschaft ihre unternehmerische Selbständigkeit. Umsätze die die Organgesellschaft außerhalb des Organkreises ausführt, werden durch den Organträger erklärt und angemeldet. Es handelt sich dann um eine konsolidierte (zusammengefasste) Umsatzsteuervoranmeldung.

Umsätze die zwischen dem Organträger und der Organgesellschaft ausgeführt werden, werden „Innenumsätze" genannt.

Innenumsätze sind Umsätze innerhalb eines Unternehmens. Der Organkreis (Organträger, Organgesellschaft) gilt als ein Unternehmen. Diese Umsätze sind nicht (umsatz-) steuerpflichtig. Grundvoraussetzung für die Umsatzbesteuerung ist, dass ein Leistungsempfänger und ein Leistender existiert. Der Empfänger und der Leistende dürfen nicht in Personalunion vorliegen.

Werden die Leistungen innerhalb eines Unternehmens abgerechnet, erfolgt das über Abrechnungspapiere. Die strengen Rechnungsanforderungen des § 14 UStG entfallen. Die Abrechnung erfolgt brutto wie netto ohne Umsatzsteuer.

Worin könnte der Vorteil liegen?

Fall 116: Entlastung von der Umsatzsteuer

Herr Morgenrot ist Geschäftsführer und Alleingesellschafter der Firma „Abendidylle GmbH". Die Gesellschaft betreibt ein Altersheim. Die Umsätze des Heimes sind gemäß § 4 Nr. 16 UStG von der Umsatzsteuer befreit.

Gleichzeitig ist Herr Morgenrot zu 30 % Mitgesellschafter der Firma „Blanke Scheibe Reinigungs GmbH". Diese Gesellschaft übernimmt die notwendigen Reinigungsarbeiten im Altersheim.

Die „Blanke Scheibe Reinigungs GmbH“ muss mangels Steuerbefreiung die Reinigungsumsätze mit Umsatzsteuer abrechnen (10.000 € + 1.900 € Umsatzsteuer/Monat).

Die „Abendidylle GmbH“ kann jedoch die Umsatzsteuer nicht als Vorsteuer geltend machen. Es verbleibt somit bei einer echten Steuerbelastung. Wie kann die Gesellschaft „Abendidylle GmbH“ steuerlich entlastet werden?

Herr Morgenrot könnte zusätzliche Anteile (bis zur Stimmrechtsmehrheit) an der Firma „Blanke Scheibe GmbH“ erwerben und sich als Geschäftsführer bestellen lassen.

Dadurch wäre eine finanzielle und organisatorische starke Eingliederung gegeben. Die wirtschaftliche Eingliederung aufgrund des bestehenden Auftragverhältnisses besteht bereits. Sie haben eine umsatzsteuerliche Organschaft erschaffen!

Die Servicegesellschaft „Blanke Scheibe GmbH“ rechnet weiterhin gegenüber dem Altersheim „Abendidylle“ monatlich ab. Diese Abrechnung erfolgt aber jetzt aufgrund des Organschaftsverhältnisses ohne Umsatzsteuer als Innenumsatz (10.000 €/Monat).

Für die Firma „Blanke Scheibe GmbH“ wäre zwar kein Vorsteuerabzug auf die Eingangsleistungen (Vorsteuer für Reinigungsmittel) mehr möglich, weil immer auf die Ausgangsumsätze des Organschaftskreises geblickt wird. Aber gerade bei personalintensiven Dienstleistungen liegt generell kein hoher Vorsteuerabzug vor.

Leitsatz 30

!

Die umsatzsteuerliche Organschaft

Die Organgesellschaft muss **wirtschaftlich**, **finanziell** und **organisatorisch** beim Organträger eingegliedert sein. Die drei Merkmale können unterschiedlich stark ausgeprägt sein. Eine umsatzsteuerliche Organschaft kann auch **ohne** den **Willen** der Gesellschafter entstehen.

Echte steuerliche Vorteile können sich ergeben, wenn der Organträger steuerfreie Ausgangsumsätze ausführt.

Lektion 18: Die Kapitalertragsteuer

Die Kapitalertragsteuer ist eine Ertragsteuer, die an der Quelle bei Auszahlungen von Kapitalerträgen einbehalten wird. An der Quelle bedeutet, dass die auszahlende Gesellschaft die Steuer einbehalten und direkt an das für die eigene Besteuerung zuständige Finanzamt abführen muss.

Alle Formen der Kapitalerträge sind im § 20 des EStG aufgeführt. Die für GmbHs relevanten offenen Gewinnausschüttungen gehören dazu.

Fall 117: Einbehalt der Kapitalertragsteuer

Die „Aquädukt GmbH" beschließt eine Gewinnausschüttung an Ihren einzigen Gesellschafter Herrn Rohrfrei in Höhe von 20.000 €. Der Gesellschafter ist Mitglied der evangelischen Kirche.

Wie hoch ist die Auszahlung an Herrn Rohrfrei?

Der Steuersatz für die Gewinnausschüttung beträgt 25 %. Zusätzlich zur Kapitalertragsteuer wird ein Solidaritätszuschlag und eventuell die Kirchensteuer (da Kirchenzugehörigkeit) erhoben.

Die Bemessungsgrundlage für die Höhe der letztgenannten Abgaben ist die einzubehaltende (Kapitalertrag-)Steuer, weil es sich bei beiden um Zuschlagsteuern handelt.

Daraus ergibt sich folgende Berechnung:

Beschlossene Gewinnausschüttung:		20.000 €
abzüglich 25 % Kapitalertragsteuer	./.	5.000 €
abzüglich 5,5 % Solidaritätszuschlag (Bemessungsgrundlage 5.000 € KapSt)	./.	275 €
abzüglich 9 % Kirchensteuer (Bemessungsgrundlage 5.000 € KapSt)	./.	450 €
Auszahlung an Herrn Rohrfrei		14.275 €

Die „Aquädukt GmbH" überweist Herrn Rohrfrei 14.275 €. Gleichzeitig muss Sie dem für die Besteuerung der GmbH zuständigen Finanzamt eine Kapitalertragsteueranmeldung einreichen und den gesamten Steuerabzug in Höhe von 5.725 € bezahlen.

Kapitalertragsteueranmeldung

Die Kapitalertragsteueranmeldung ist eine unterjährige (nicht stichtagsbezogene) Meldung gegenüber dem Finanzamt. Sie ist einzureichen, sobald Kapitalertragsteuer entsteht. Das ist im Regelfall bei Beschluss und Auszahlung einer offenen Gewinnausschüttung der Fall. Für die ordnungsgemäße Anmeldung und Abführung der Steuer ist der Geschäftsführer verantwortlich. Die Steuer wird treuhänderisch für die Anteilseigner abgeführt. Daraus ergibt sich allerdings auch das Haftungspotenzial für den Geschäftsführer. Meldet er die Kapitalertragsteuer nicht ordnungsgemäß an und führt sie an das Finanzamt ab, so haftet er für die entgangene Steuer. Das Gleiche gilt bei nicht ordnungsgemäß ausgestellter Steuerbescheinigung.

Steuertipp: *Beschließt die Gesellschaft eine Gewinnausschüttung ohne ein Ausschüttungsdatum im Beschluss zu benennen, dann wird als Ausschüttungsdatum fiktiv der Tag nach Beschluss angesetzt. Die Kapitalertragsteuer ist sofort fällig. Bei verspäteter Zahlung droht die Festsetzung von Säumniszuschlägen. Beschließen Sie daher immer Gewinnausschüttungen mit einem in der Zukunft liegenden Auszahlungsdatum. Wird das Auszahlungsdatum genannt, ist dieses für die Zahlung der Kapitalertragsteuer bindend!*

Steuerbescheinigung

Die Steuerbescheinigung ist ein amtliches Formular, indem die Höhe der einbehaltenen Steuer, der Tag der Zahlung sowie das „beschenkte“ Finanzamt aufgeführt wird.

Erfolgt die Anmeldung und Abführung für mehrere Anteilseigner (Gesellschafter), ist für jeden Gesellschafter eine eigene Steuerbescheinigung auszustellen.

Die Ausstellung der Steuerbescheinigung darf erst erfolgen, nachdem die Kapitalertragsteuer tatsächlich bezahlt wurde!

Die Steuerbescheinigung ist dem Gesellschafter auszuhändigen.

Je nach Art des Gesellschafters existieren drei Grundkonstellationen:

- Handelt es sich bei den Gesellschafter um eine natürliche Person und die GmbH-Anteile werden im im Privatvermögen gehalten, ist mit dem Einbehalt der Kapitalertragsteuer der Besteuerungsvorgang im Regelfall abgeschlossen.

- Handelt es sich bei den Gesellschafter um eine natürliche Person und er hält die Anteile im betrieblichen Vermögen, so ist die gezahlte Kapitalertragsteuer eine Vorauszahlung auf die Einkommensteuer und wird im Rahmen der Einkommensteuererklärung auf die Steuerschuld angerechnet. Es liegt dann das Teileinkünfteverfahren vor.

- Handelt es sich bei dem Gesellschafter um eine juristische Person (selber GmbH oder AG o.ä.), so ist die gezahlte Kapitalertragsteuer eine Vorauszahlung auf die Körperschaftsteuer. Eine juristische Person kann die Anteile nur im Betriebsvermögen halten, weil kein Privatvermögen existiert.

Warum das so ist, erfahren Sie in dem Themenkomplex „Besteuerung der Anteilseigner".

Leitsatz 31

Die Kapitalertragsteuer

Die Kapitalertragsteuer ist eine **Ertragsteuer** die u.a. bei Gewinnausschüttungen entsteht.

Sie wird in der Regel erst mit Auszahlung der Ausschüttung fällig. Es handelt sich um eine **Abzugssteuer.** Bei Gewinnausschüttungen beträgt der Steuersatz 25 %, wenn der Gesellschafter die Kapitalertragsteuer schuldet.

Je nachdem wo sich die GmbH-Anteile der ausschüttenden GmbH bei den Gesellschaftern befinden (Privatvermögen oder Betriebsvermögen), wird die gezahlte Steuer als **Vorauszahlung** behandelt (Anteile im Betriebsvermögen), oder die Besteuerung der Gewinnausschüttung ist mit der Zahlung beendet (Anteile im Privatvermögen).

Lektion 19: Die Lohnsteuer

Die Lohnsteuer ist eine spezielle Form der Vorauszahlung zur Einkommensteuer für natürliche Personen.

Wie der Name bereits sagt, wird die Lohnsteuer vom gezahlten Lohn einbehalten.

Der Einbehalt erfolgt im Rahmen der monatlichen Lohnabrechnungen. Die einbehaltene Steuer wird treuhänderisch für den/die Arbeitnehmer an das Finanzamt der Gesellschaft abgeführt. Zum Jahresende oder beim Austritt aus der Gesellschaft wird dem Arbeitnehmer neben dem gezahlten Lohn auch die Höhe der gezahlten Lohnsteuer bescheinigt. Gleichzeitig werden die bescheinigten Werte an das für die Besteuerung des Arbeitnehmers zuständige Finanzamt elektronisch übermittelt.

Dafür besitzt jeder Arbeitnehmer eine e-Tin.

Diese Zahlen-Buchstabenkombination setzt sich unter anderem aus dem Geburtsnamen und dem Geburtsdatum zusammen. Die Kombination dient der Identifizierung bei der Übermittlung der Lohnwerte.

Neben der Lohnsteuer wird der darauf entfallende Solidaritätszuschlag, sowie eventuell die Kirchensteuer (bei Kirchenzugehörigkeit) einbehalten und abgeführt. Je nach Höhe der monatlich abzuführenden Lohnsteuer erfolgt die Lohnsteueranmeldung durch die Gesellschaft jährlich (unter 1000 €/Jahr), vierteljährlich (bis zu 1.000 €/Vierteljahr) und monatlich (mehr als 334 €/Monat).

Die Lohnsteueranmeldung muss ebenfalls wie die Umsatzsteuervoranmeldung am zehnten Tag des Folgemonats dem Finanzamt übermittelt werden. Für diese Anmeldung existiert allerdings keine Dauerfristverlängerung, wie bei der Umsatzsteuer. Die Werte für den Monat Januar müssen also bis zum 10. Februar, für den Februar bis zum 10. März usw. gemeldet werden. Ebenfalls bis zum 10. des Folgemonats ist die Lohnsteuer zu bezahlen.

Übersicht 19: Beispiele für Lohnsteuerpauschalierte Leistungen

Bezeichnung	Steuersatz	Anwendung
Sachzuwendungen (Geschenke 35 € an Geschäftspartner/z.B. Incentive Reisen bei Arbeitnehmern)	30%	Zuwendungen an Arbeitnehmer oder Geschäftspartner bis zu 10.000 € pro Jahr und Person, das Wahlrecht muss einheitlich ausgeübt werden
Erholungsbeihilfen	25%	156 für Arbeitnehmer, 104 € für Ehegatte, 52 € für jedes Kind Zweckgebundene Zuwendung
Fahrten Wohnung Arbeitsstätte	15%	maximal 0,30 € je Entfernungskilometer pro Tag

Leitsatz 32

Die Lohnsteuer

Die Lohnsteuer ist eine **Vorauszahlung zur Einkommensteuer** für natürliche Personen. Daneben ist es möglich, bestimmte Arbeitgeberleistungen zu **pauschalieren**. Das bedeutet, für bestimmte **zusätzliche** Leistungen wird durch den Arbeitgeber eine pauschale Steuer berechnet und ebenfalls an das Finanzamt abgeführt. Mit Zahlung der pauschalen Steuer erfolgt keine Besteuerung beim Begünstigten mehr. Auf die Zuwendungen fallen ebenfalls keine Sozialabgaben mehr an.

Hinweis: *Die Pauschalierung bei den* Geschenken *bedeutet nicht, dass diese plötzlich als Betriebsausgabe abziehbar sind. Der begünstigte Geschäftspartner müsste jedoch den Vorteil aus der Geschäftsbeziehung (das wertvolle Geschenk) versteuern. Mit der Zahlung der pauschalierten Lohnsteuer durch den Schenker erfolgt* keine Besteuerung *mehr. Das gleiche Dilemma (die Besteuerung des Vorteils) besteht bei den* Zuwendungen an Arbeitnehmer*. Diese müssten den Vorteil (wenn bestimmte Größen überschritten sind, z.B. bei einer Reise) als Lohneinnahme versteuern. Das Wahlrecht zur Pauschalierung der Einkommensteuer kann nur einheitlich, das heißt für alle Zuwendungen eines Wirtschaftsjahres erfolgen (§ 37b EStG).*

Lektion 20: Grundsteuer, Grunderwerbsteuer, Bauabzugsteuer

Grundsteuer

Mit der Grundsteuer wird der Besitz von Immobilien bzw. Grundstücken besteuert. Die Festsetzung und Erhebung erfolgt durch die jeweiligen Gemeinden. Aus diesem Grunde existieren auch unterschiedliche Belastungen mit der Grundsteuer, je nachdem, in welcher Gemeinde der Grundbesitz liegt.

Vorher wird der Grundbesitz bewertet. Die Grundbesitzbewertung erfolgt durch das Finanzamt, in dessen Bereich sich das zu bewertende Grundstück befindet, mit dem Einheitswert (siehe Lektion 13).

Der Einheitswert wird mit einer Steuermesszahl (analog zur Gewerbesteuer) multipliziert (z.B. 3,5 Promille bei Geschäftsgrundstücken).

Der so ermittelte Wert (Steuermessbetrag) wird der Gemeinde übermittelt. Diese hat einen individuellen Hebesatz (Prozentsatz) festgelegt, mit der der Steuermessbetrag multipliziert wird. Dieser Hebesatz ist nicht mit dem Hebesatz für die Gewerbesteuer identisch!

Das Ergebnis ist die zu zahlende Grundsteuer. Die Zahlung erfolgt quartalsweise; jeweils zum 15.02./15.05./15.08./15.11. des Jahres. Steuerschuldner der Grundsteuer ist der Eigentümer und bei land- und forstwirtschaftlichen Grundstücken der Nutzer (Pächter oder Eigentümer). Maßgebend sind jeweils die Verhältnisse auf den 01.01. des Jahres.

Fall 119: Steuerpflicht in der Grundsteuer

Die „Wacholderbeere GmbH“ veräußerte mit Wirkung zum 03.01.01 ein Grundstück mit altem Baumbestand an die „Tannenzapfen GmbH“.

Wer ist Schuldner der Grundsteuer für das Jahr 01?

Steuerschuldner für das Jahr 01 ist die „Wacholderbeere GmbH“, weil sie zum 01.01. des Jahres noch Eigentümer des Grundstückes war.

Im Regelfall erfolgt im Rahmen des notariellen Kaufvertrages die Verpflichtung des Käufers, dass er ab Eigentumsübergang die anfallende Grundsteuer bezahlt.

Bei Eigentümerwechsel wird ein neuer Einheitswertbescheid erlassen. Dieser ist in der Regel identisch mit dem vorhergehenden Bescheid, nur dass das Grundstück dem neuen Eigentümer zugeordnet wird.

Im Grundsteuerrecht existieren ähnlich wie in der Gewerbesteuer Befreiungen von der Steuerpflicht (§ 3 GrStG). Die Befreiung greift z.B. beim Grundbesitz von Körperschaften die steuerbegünstigte Zwecke verfolgen.

Der (Teil-)Erlass der Grundsteuer

Steuertipp: *Wenn das Grundstück/die Immobilie nicht eigengenutzt, sondern fremdvermietet wird, kann bei wesentlicher Ertragsminderung (Leerstand) unter Umständen der (Teil-)Erlass der Grundsteuer beantragt werden.*

Folgende Voraussetzungen sind dafür notwendig:

- *Die Ertragsminderung (der Leerstand) ist nicht durch den Eigentümer zu vertreten (wäre der Fall bei Phantasiemietvorstellungen)*

- *Die Ertragsminderung beträgt mindestens 50 % bezogen auf das Kalenderjahr (Vergleich mit ortsüblicher Miete)*

- *Beträgt die Ertragsminderung mehr als 50 % und weniger als 100 % beträgt der Erlass 25 % der gezahlten Grundsteuer*

- *Beträgt die Ertragsminderung 100 % (kompletter Leerstand) so beträgt der Erlass 50 % der gezahlten Grundsteuer*

- *Der Antrag muss bis zum 31.03. des Folgejahres bei der zuständigen Gemeinde gestellt werden (Ausschlussfrist!)*

Leitsatz 33

Die Grundsteuer

Die Grundsteuer **besteuert** den **Grundbesitz**. Die Grundsteuer ist eine Jahressteuer. Maßgebend sind die Besitzverhältnisse zum 01.01. eines Jahres. Die **Bewertung** erfolgt durch den **Einheitswert**, der mit dem Grundsteuermesszahl (Höhe abhängig von der Art des Grundstückes) multipliziert wird. Der so ermittelte Steuermessbetrag wird mit dem individuellen Hebesatz (Prozentsatz) der Gemeinden multipliziert. Das Ergebnis ist die festzusetzende Grundsteuer. Die **Zahlungen** zur Grundsteuer **erfolgen vierteljährlich**. Unter bestimmten Voraussetzungen ist die Befreiung von der Grundsteuer oder ein (Teil-)Erlass möglich.

Grunderwerbsteuer

Eher selten hat der Geschäftsführer einer GmbH im laufenden Geschäftsbetrieb etwas mit der Grunderwerbsteuer zu tun. Die Grunderwerbsteuer besteuert den Eigentumsübergang von Immobilien/Grundstücken oder die Einräumung von lang laufenden Nutzungsrechten (Erbpacht) bei Grundbesitz. Es ist keine zwingende Voraussetzung, dass dabei Geld fließt.

Gemeinsame Schuldner der Grunderwerbsteuer sind im Regelfall der Verkäufer und der Erwerber zur Hälfte. Jedoch wird in den Grundstückskaufverträgen stets eine Klausel aufgenommen, dass der neue Eigentümer die Grunderwerbsteuer zu 100% zahlen muss. Faktisch bezahlt also der Erwerber die Grunderwerbsteuer.

Juristische Personen (also auch GmbHs) können Eigentümer vom Grundbesitz werden. Die Grunderwerbsteuer wird durch das Finanzamt mit Steuerbescheid festgesetzt und ist einem Monat nach Bescheideingang zu entrichten. Die Steuer beträgt 3,5% (Ausnahme z.B. Berlin mit 5,0%) vom Wert der Gegenleistung. (§9 GrEStG).

Fall 120: Gegenleistung im Grunderwerbsteuerrecht

Die „Hansen GmbH" aus Stralsund kauft auf der Insel Rügen vom Rentner Kahlebutz ein Grundstück mit Blick auf den bröckelnden Kreidefelsen. Neben der Zahlung von 50.000 €, verpflichtet sich die „Hansen GmbH" dem Rentner Kahlebutz eine monatliche Rente in Höhe von 1.200 € bis an sein Lebensende zu zahlen und übernimmt die bestehenden Bankverbindlichkeiten in Höhe von 150.000 €. Der errechnete Gegenwert für die Rentenzahlung beträgt 80.000 €. Wie hoch ist die festzusetzende Grunderwerbsteuer?

Neben dem Kaufpreis von 50.000 €, ist auch die Übernahme der Bankverbindlichkeiten von 150.000 € und der Gegenwert der laufenden Rentenzahlung in Höhe von 80.000 € zu berücksichtigen.

50.000 €	Kaufpreis
+ 150.000 €	Verbindlichkeiten
+ 80.000 €	Rentenbarwert
= 280.000 €	

280.000 € Gegenleistung × 3,5 % = 9.800 €

Die Grunderwerbsteuer beträgt also 9.800 €.

Eine Besonderheit im Grunderwerbsteuerrecht sollten Sie kennen. Grunderwerbsteuer kann auch entstehen, wenn nicht das Grundstück, sondern die Gesellschaftsanteile an der grundstücksbesitzenden Gesellschaft veräußert werden!

Fall 121: Steuerschädliche Anteilsübertragung

Der Alleingesellschafter der „Hansen GmbH", Herr Salomon, beschließt nach einigen Jahren in den Vorruhestand zu gehen. Er verkauft alle seine Anteile (100 %) an den BWL Studenten Klaus Sauerbier.

Zwei Monate nach Übertragung der GmbH-Anteile wird Herr Salomon nachts durch das Telefon geweckt.

Am anderen Ende der Leitung ist der Ex-BWL-Student und neuer Geschäftsführer Herr Sauerbier. Dieser hat vom Finanzamt einen Bescheid über Grunderwerbsteuer für das Grundstück am Kreidefelsen erhalten (festgesetzter nicht zu beanstandender Wert des Grundstücks 500.000 €).

Wird die Grunderwerbsteuer zu Recht erhoben?

Ja, die Grunderwerbsteuer kann auch entstehen, wenn nur die Anteile der grundbesitzenden Gesellschaft veräußert werden.

Sobald 95 % der Gesellschaftsanteile (GmbH-Anteile) den Besitzer wechseln, entsteht die Grunderwerbsteuer (§ 1 Abs. 3 GrEStG). Die Festsetzung der Grunderwerbsteuer (500.000 € × 3,5 % = 17.500 €) ist demnach rechtens.

Leitsatz 34

Die Grunderwerbsteuer

Die Grunderwerbsteuer **besteuert** den **Eigentumsübergang** bei **Grundstücken** und Immobilien oder die Einräumung lang laufender Nutzungsrechte. Dabei ist es nicht notwendig, dass ein Geldbetrag fließt. Maßgebend für die Höhe der Grunderwerbsteuer ist der **Wert der Gegenleistung**. Liegt keine Gegenleistung vor, wird der Grundbesitzwert (Verkehrswert) herangezogen. Im Regelfall beträgt der **Steuersatz 3,5 %**.

Unter bestimmten Voraussetzungen erfolgt die Besteuerung mit der Grunderwerbsteuer auch ohne Eigentümerwechsel (Gesellschafterwechsel in der GmbH oder Personengesellschaft).

Steuerabzug bei Bauleistungen (Bauabzugsteuer) § 48 EStG

Die Bauabzugsteuer ist keine eigenständige Steuerart. Das Verfahren dient der Sicherung des Steueraufkommens im Baubereich.

Es handelt sich um eine Art Steuervorauszahlung.

Die Bauabzugsbesteuerung ist nur anzuwenden, wenn

- zwei Unternehmer Vertragspartner sind und
- Bauleistungen abgerechnet werden.

Der „Steuersatz“ (Abzug) beträgt 15 %.

Das Verfahren der Bauabzugsbesteuerung muss nicht angewendet werden, wenn der Leistende eine Freistellungsbescheinigung (in Kopie) vom Finanzamt vorlegt.

In dieser Freistellungsbescheinigung ist vermerkt, bei welchem Finanzamt der leistende Unternehmer steuerlich geführt wird und dass vom Einbehalt des Steuerabzuges abgesehen werden darf. Die Bescheinigung wird immer befristet, längstens für drei Jahre, ausgestellt.

Fall 122: Abzug bei Bauleistungen

Die „Konsolen GmbH" lässt ihren neuen Firmensitz in der Nähe von Saarlouis errichten. Im Monat Mai 01 wurden folgende Leistungen abgerechnet.

Bitte prüfen Sie die Vorgänge, ob die Bauabzugsbesteuerung anzuwenden ist und erläutern kurz das Verfahren.

a) Die Firma „Fliesenstolz GmbH" stellt insgesamt 3.500 € für durchgeführte Fliesenarbeiten in Rechnung. Es ist nicht davon auszugehen, dass weitere Aufträge im Kalenderjahr folgen.

b) Die Firma „Hochbau Saarland GmbH" rechnet nach Baufortschritt ab. Im Mai wurde die 15. Abschlagsrechnung über insgesamt 100.000 € eingereicht. Zu Beginn der Bauarbeiten hat die Firma „Hochbau Saarland GmbH" eine gültige Freistellungsbescheinigung vorgelegt.

c) Die Firma „Ilker Bau GmbH" erhielt den Auftrag die Außen- und Innenputzarbeiten durchzuführen. Für die durchgeführte Putzarbeiten wurden 25.000 € abgerechnet. Trotz mehrfacher Aufforderung wurde bisher keine Freistellungsbescheinigung vorgelegt.

zu a): Der Abzug braucht nicht vorgenommen werden, weil das Auftragsvolumen der leistenden Firma weniger als 5.000 €/Kalenderjahr beträgt (§ 48 Abs. 2 EStG).

zu b): Die Bauabzugsbesteuerung muss nicht angewandt werden. Das Auftragsvolumen beträgt zwar mehr als 5.000 €/Kalenderjahr aber die Firma „Hochbau Saar GmbH" hat eine gültige Freistellungsbescheinigung vorgelegt.

zu c): Die „Konsolen GmbH" ist verpflichtet von der Rechnungssumme 15 % (3.750 €) einzubehalten und an das für die Firma „Ilker Bau GmbH" zuständige Finanzamt zu überweisen.

Dazu muss die „Konsolen GmbH" bis zum zehnten des Folgemonats (also hier bis zum 10.06.) eine Steueranmeldung abgeben, in der die Höhe der Steuer selbst berechnet wird.

Der Firma „Ilker Bau GmbH" gegenüber ist der Steuerabzug abzurechnen.

Was geschieht mit der gezahlten Steuer?

Beim Finanzamt erfolgt eine Verrechnung der Bauabzugssteuer mit eventuellen bereits angemeldeten oder veranlagten offenen Steuerbeträgen.

Dabei ist folgende Verrechnungsreihenfolge zu beachten (§ 48c EStG):

- Lohnsteuer
- aktuelle Vorauszahlungen zur Körperschaftsteuer (bzw. Einkommensteuer bei natürlichen Unternehmen)
- veranlagte Körperschaftsteuer (bzw. Einkommensteuer), Vorjahr(e)

V. GmbH und Liquidation

Lektion 21: Die Liquidationsbesteuerung

Fall 123: Liquidation einer GmbH

Sie unterhalten sich mit Herrn Sommer. Herr Sommer ist 65 Jahre alt und Alleingesellschafter der „Saunagarten GmbH“. Bereits seit mehreren Jahren versuchte er seinen einzigen Sohn zu überzeugen seine Geschäfte fortzuführen. Umsonst, dieser sieht seine Berufung als Straßenmusiker. Auch der Anteilsverkauf an einen fremden Dritten scheiterte. Was können Sie Herrn Sommer empfehlen, damit er unbeschwert in den Ruhestand gehen kann?

Sie schlagen ihm vor, die Gesellschaft zu liquidieren.

Unter einer Liquidation wird die (freiwillige) Auflösung und Abwicklung der Gesellschaft verstanden. Die Gründe können vielschichtig sein. Entweder der Gesellschaftszweck ist erfüllt, oder die Gesellschafter sind heillos verstritten, oder sie wollen sich altersbedingt zur Ruhe setzen oder ...

Nur die Gesellschafterversammlung (die Gesellschafter), als oberstes Organ der GmbH, kann die Liquidation beschließen. Das ist auch ein wesentlicher Unterschied zur Insolvenz.

Der Antrag auf Eröffnung eines Insolvenzverfahrens kann sowohl von innen aus der Gesellschaft (Gesellschafter oder Geschäftsführer) als auch von außen (einer der Gläubiger) erfolgen.

Im Regelfall sind für den Beschluss das Liquidationsverfahren zu eröffnen 75 % der abgegebenen Stimmen notwendig (§ 60 GmbHG).

Der Geschäftsführer ist der Liquidator, es sei denn, es werden andere Personen als Liquidatoren bestimmt. Die Liquidation ist im Handelsregister anzumelden (§ 65 GmbHG).

Gleichzeitig muss der Liquidator dreimal die Gläubiger auffordern sich zu melden, um ihre Forderungen anzumelden. Diese Aufforderung ist öffentlich und erfolgt im Regelfall im elektronischen Unternehmensregister. Der Zeitraum zwischen der dritten Gläubigeraufforderung und der Beendigung der Liquidation darf zwölf Monate nicht unterschreiten.

Dieser gesetzlich festgelegte Zeitraum (§ 73 GmbHG) wurde geschaffen, damit die Gläubiger ausreichend Zeit haben, Ihre Forderungen bekanntzugeben.

Nach Bekanntgabe der beabsichtigten Auflösung beginnt das eigentliche Liquidationsverfahren (Abwicklungsverfahren). In diesem Verfahren versucht der Liquidator alle Forderungen der Gesellschaft einzutreiben, die noch offenen Verbindlichkeiten zu bezahlen und eventuell vorhandene Vermögensgegenstände (z.B. Grundstücke Autos, Waren) zu veräußern.

Nach Beendigung des Liquidationsverfahrens (Abwicklungszeitraum) wird das dann noch verbleibende Vermögen (i.d.R. Geld) an die Gesellschafter verteilt. Die Gesellschaft wird aus dem Handelsregister gelöscht und hört auf, als juristische Person zu existieren.

Leitsatz 35

Grundlagen des Liquidationsverfahrens

Unter einer Liquidation wird die **freiwillige Auflösung** einer Gesellschaft verstanden. Das Liquidationsverfahren kann nur durch die Gesellschafter eröffnet werden. Die Eröffnung des Verfahrens ist **dreimal bekanntzumachen**. Der Zeitraum zwischen Eröffnung und Beendigung des Liquidationsverfahrens darf nicht weniger als zwölf Monate betragen.

Körperschaftsteuerliche Liquidation

Bisher haben Sie gelernt, dass die Körperschaftsteuer eine Jahressteuer ist und der Besteuerungszeitraum zwölf Monate nicht überschreitet. In der Liquidationsphase wird – abweichend von der Regelung – der Abwicklungszeitraum besteuert. Ist der Abwicklungszeitraum jedoch größer als drei Jahre, erfolgt erneut eine jährliche Veranlagung.

Zu Beginn der Liquidation wird eine Liquidationseröffnungsbilanz aufgestellt. In dieser ist das Abwicklungs-Anfangsvermögen ausgewiesen. Das Anfangsvermögen entspricht den Betriebsvermögen. Das Betriebsvermögen ist die Differenz der Vermögenswerte abzüglich der bestehenden Verbindlichkeiten. Besteuert wird letztendlich die Differenz zwischen Liquidationsend(Betriebs-)vermögen und Liquidationsanfangs(Betriebs-)vermögen.

Als Korrekturposten erfolgt der Abzug eventueller Gewinnausschüttungen für vergangene Jahre im Abwicklungszeitraum. Warum das so ist, soll nachfolgender Fall verdeutlichen.

Fall 124: Liquidationsbesteuerung

Die Gesellschafter der „Telenovela GmbH“ beschließen nach dem Heldentod von Felicitas und der damit verbundenen Ende der populären Serie die Auflösung der Gesellschaft. Der Geschäftsführer Herr K wird zum Liquidator bestellt. Beginn des Liquidationsverfahrens soll der 01.01.01 sein. Die letzten Forderungen wurden am 30.12.02 eingetrieben. Die Schlussverteilung erfolgte am 31.12.02.

Zum Anfang der Liquidation wurde eine Eröffnungsbilanz aufgestellt.

Liquidationseröffnungsbilanz

Aktiva		**Passiva**	
Anlagevermögen		**Kapital**	
PKW	20.000,00 €	Stammkapital	25.000,00 €
Drucker Kopierer etc.	5.000,00 €	Gewinnvortrag	25.000,00 €
Umlaufvermögen		**Verbindlichkeiten**	
Kundenforderungen	20.000,00 €	Lieferanten-verbindlichkeiten	45.000,00 €
Bankbestand	50.000,00 €		
	95.000,00 €		95.000,00 €

Das Liquidationsanfangsvermögen beträgt also:

Vermögenswerte:	95.000 €
./. Verbindlichkeiten	45.000 €
Anfangsvermögen	50.000 €

Herr K veräußert den PKW für 30.000 €. Für den Drucker etc. erhält er 10.000 €. Die Forderungen wurden bezahlt bis auf einen uneinbringlichen Betrag von 2.000 €. Lieferantenverbindlichkeiten wurden in Höhe von 40.000 € bezahlt. Für die restlichen 5.000 € ist die Zahlungsverjährung eingetreten und wurden auch nicht mehr bezahlt.

Während der Liquidationszeitraumes erfolgte eine Gewinnausschüttung in Höhe von 10.000 €.

Wie hoch ist das Liquidationsendvermögen?

	Bankbestand Anfang	50.000 €
+	Verkauf PKW	30.000 €
+	Verkauf Drucker	10.000 €
+	bezahlte Forderungen	18.000 €
./.	bezahlte Verbindlichkeiten	40.000 €
	Bankbestand vorläufig	68.000 €
./.	Gewinnausschüttung	10.000 €
	Bankbestand endgültig	58.000 €

	Bankbestand Ende	58.000 €
./.	Verbindlichkeiten	0 €
	Liquidationsendvermögen	58.000 €

	Liquidationsendvermögen	58.000 €
./.	Liquidationsanfangsvermögen	50.000 €
	Liquidationsgewinn	8.000 €

Das kann natürlich nicht richtig sein. In der Lektion 4 erfuhren Sie, dass Gewinnausschüttungen den Gewinn nie mindern dürfen. Deshalb wird die Gewinnausschüttung wieder hinzugerechnet.

	Vorläufiger Liquidationsgewinn	8.000 €
+	Gewinnausschüttung	10.000 €
	endgültiger Liquidationsgewinn	18.000 €

Zum Vergleich

	Gewinn aus dem Verkauf PKW	30.000 €	Einnahme
./.		20.000 €	Bestand
		10.000 €	
	Gewinn aus Verkauf Drucker etc.	10.000 €	Einnahme
./.		5.000 €	Bestand
		5.000 €	
	Verlust aus Forderungen	18.000 €	Einnahme
./.		20.000 €	Bestand
		−2.000 €	
	Gewinn aus nicht bezahlter Verb.	45.000 €	Bestand
./.		40.000 €	bezahlt
		5.000 €	
	Gewinn	18.000 €	

Herr K reicht die Steuererklärungen Im Jahr 03 für den Abwicklungszeitraum 01.01.01 – 31.12.02 ein. Der Liquidationsgewinn in Höhe von 18.000 € wird mit dem normalen Körperschaftsteuersatz von 15 % besteuert (ergibt 2.700 € Körperschaftsteuer zuzüglich Solidaritätszuschlag).

Leitsatz 36

Der Liquidationsgewinn

Der während des Liquidationszeitraumes anfallende Liquidationsgewinn wird besteuert. **Besteuerungszeitraum ist der Abwicklungszeitraum.** Maximal darf dieser drei Jahre umfassen. Dauert das Liquidationsverfahren länger erfolgt später wieder eine jährliche Besteuerung.

Gewerbesteuerliche Liquidation

Die Liquidationsbesteuerung für die Gewerbesteuer entspricht dem Liquidationsverfahren zur Körperschaftsteuer. Zu beachten ist jedoch, dass der ermittelte Gewinn auf die einzelnen Jahre im Abwicklungszeitraum aufgeteilt wird. Eine jahresübergreifende Besteuerung wie in der Körperschaftsteuer erfolgt nicht.

Daher ist der Gewinn für das vorliegende Beispiel je zur Hälfte im Jahr 01 (9.000 €) und im Jahr 02 (9.000 €) zu erklären. Innerhalb des Abwicklungszeitraumes müssen also jährlich die Gewerbesteuererklärungen abgegeben werden. Übrigens ist der Liquidationsgewinn aus der Auflösung einer Personengesellschaft oder eines Einzelunternehmens von der Gewerbesteuer befreit. Das ist ein wesentlicher Unterschied und ein klarer Vorteil für die Rechtsformen der natürlichen Personen.

Umsatzsteuerliche Liquidation

Auch während des Liquidationszeitraumes ist die Gesellschaft unternehmerisch tätig. Es besteht weiterhin das Recht des Vorsteuerabzuges. Die Einnahmen müssen der Umsatzsteuer in der Regel unterworfen werden. Die Umsatzsteuererklärungen werden ebenfalls jährlich eingereicht.

VI. Besteuerung der Gesellschafter

Lektion 22: Juristische Personen als Anteilseigner

Nachfolgende Lektionen möchten sich mit der Besteuerung bei den Gesellschaftern, außerhalb des „Dunstkreises“ der GmbH, beschäftigen.

Was passiert steuerlich z.B. bei einer verdeckten oder bei einer offenen Gewinnausschüttung beim Gesellschafter? Wie ist der Verkauf von Gesellschaftsanteilen einer GmbH steuerlich zu behandeln?

Gesellschafter und Anteilseigner sind zwei Begriffe für ein und denselben Sachverhalt. Für die Gesellschafterstellung bei einer GmbH, ist es notwendig, Anteile an der GmbH zu besitzen. Die Anteile verkörpern das Stimmrecht. Je mehr Anteile besessen werden, desto höher ist das Stimmrecht in der Gesellschaft (im Extremfall 100 %) und die Einflussnahme auf die Entscheidungen.

Es werden drei Arten von Anteilseignern unterschieden und im Folgenden differenziert.

- Gesellschafter ist eine juristische Person (GmbH, AG, haftungsbeschränkte Unternehmergesellschaft etc.) (hier).

- Gesellschafter ist eine natürliche Person und die GmbH Anteile werden im Betriebsvermögen gehalten (Lektion 23).

- Gesellschafter ist eine natürliche Person und die GmbH Anteile werden im Privatvermögen gehalten (Lektion 24).

Unter Betriebsvermögen werden alle Wirtschaftsgüter verstanden, die dem Betrieb dienen können und dem Betrieb auch tatsächlich dienen.

Fall 125: Sphäre des Betriebsvermögens

Hans im Glück, einer von zwei Gesellschaftern der „Felicitas OHG“, betreibt den Handel mit Waren aller Art.

Für den Warentransport zu den einzelnen Wochenmärkten verwendet er einen Ochsen (a). Der Ochse wird ausschließlich als Zugtier für die Waren verwendet.

Manchmal reitet Hans im Glück auf seinem Pferd (b) nebenher, manchmal läuft er zu Fuß, ganz nach Gusto. Das Pferd wird ansonsten für private sonntägliche Ausritte verwendet. Hans im Glück schätzt den betrieblichen Einsatz seines Pferdes auf 30 % in der Woche.

Immer am Mann trägt Hans im Glück seinen Talisman einen Klumpen Gold (c).

Vor einiger Zeit kaufte er sich Anteile an der „Messerschmidt GmbH“ (d).

Mit dem Kauf wollte er bessere Einkaufskonditionen beim Einkauf von Messern und Scheren durchsetzen. Das gelang ihm auch. Der Umsatzanteil der Messer und Scheren der „Messerschmidt GmbH“am Gesamtumsatz der „Felicitas OHG“ beträgt ca. 60 %.

Beurteilen Sie bitte, handelt es sich jeweils um Betriebsvermögen?

zu a): Der Ochse gehört zum **notwendigen** Betriebsvermögen. Die betriebliche Nutzung beträgt mehr als 50 % (hier 100 %).

zu b): Hans im Glück hat das Wahlrecht, ob er das Pferd seinem betrieblichen oder seinem Privatvermögen zuordnen möchte. Das Wahlrecht existiert bei einer betrieblichen Nutzung zwischen 10 Prozent und unter 50 Prozent. Erfolgt in einem solchen Fall die betriebliche Zuordnung spricht man vom **gewillkürten Betriebsvermögen**.

zu c): Der Klumpen Gold wird nicht tatsächlich betrieblich verwendet. Er gehört zum **notwendigen Privatvermögen**.

zu d): Die Anteile an der Messerschmidt GmbH gehören zum **notwendigen Betriebsvermögen**. Durch die Gesellschafterstellung fördert er seine eigenen betrieblichen Ziele (bessere Einkaufspreise).

Leitsatz 37

Das Betriebsvermögen

Unter Betriebsvermögen werden alle Wirtschaftsgüter verstanden, die betrieblich genutzt werden können und tatsächlich auch genutzt werden. Bei einer betrieblichen Nutzung von mehr als 50 Prozent handelt es sich um **notwendiges Betriebsvermögen**, bei einer Nutzung zwischen 10 Prozent und unter 50 Prozent und gewählter Zuordnung zum Betrieb handelt es sich um **gewillkürtes Betriebsvermögen**.

Beträgt die betriebliche Nutzung weniger als 10 Prozent, handelt es sich immer um notwendiges Privatvermögen.

Gewinne aus Beteiligungen

Die Gewinne aus dem An- und Verkauf von Gesellschaftsanteilen, die offenen und die verdeckten Gewinnausschüttungen werden faktisch steuerfrei gestellt. (§ 8b KStG). In Höhe von 5 % der Einnahmen werden fiktiv nicht abziehbare Betriebsausgaben angesetzt (Lektion 6). Die im Zusammenhang mit der Beteiligung anfallenden Betriebsausgaben sind unbegrenzt abziehbar.

Eine Ausnahme von dieser Regel existiert bei den verdeckten Gewinnausschüttungen.

Sie haben gelernt, dass die Auswirkungen der verdeckten Gewinnausschüttung sowohl im Bereich der Gesellschaft als auch im Bereich der Anteilseigner nachvollzogen wird. Damit das gewährleistet ist, enthält das Körperschaftsteuergesetz mit dem § 32a KStG eine eigenständige Festsetzungsvorschrift. Wie ist jedoch der Sachverhalt zu beurteilen, wenn auf der Ebene der geschädigten Gesellschaft Festsetzungsverjährung eingetreten ist?

Fall 126: vGA in der Festsetzungsverjährung

An der „Prometheus GmbH“ ist als Gesellschafterin die „Ikarus GmbH“ beteiligt. Durch eine Betriebsprüfung bei der „Ikarus GmbH“ wird eine verdeckte Gewinnausschüttung der „Prometheus GmbH“ zugunsten der „Ikarus GmbH“ in Höhe von100.000 € aufgedeckt.

Wie ist der Sachverhalt zu beurteilen, wenn

a) Die verdeckte Gewinnausschüttung bei der „Prometheus GmbH" nachvollzogen werden kann?

b) Die verdeckte Gewinnausschüttung aufgrund der für die „Prometheus GmbH" eingetretenden Festsetzungsverjährung nicht mehr berücksichtigt werden kann?

zu a): Das Einkommen der „Prometheus GmbH" wird um 100.000 € erhöht. Die verdeckte Gewinnausschüttung wird bei der „Ikarus GmbH" steuerfrei gestellt. In Höhe von 5.000 € (5 % der vGA) erfolgt eine Hinzurechnung nicht abziehbarer Betriebsausgaben.

zu b): Das Einkommen der „Prometheus GmbH" kann nicht mehr korrigiert werden. Die verdeckte Gewinnausschüttung wird zu 100 % bei der „Ikarus GmbH" berücksichtigt. Das Einkommen der „Ikarus GmbH" wird um 100.000 € erhöht. Die Freistellung gemäß § 8b KStG erfolgt nicht.

Hinweis: *Das Korrespondenzprinzip gilt ebenfalls bei den verdeckten Einlagen. Verdeckte Einlagen können nur berücksichtigt werden, wenn sowohl bein Zuwendenden als auch beim Empfänger eine Änderung des Einkommens möglich ist.*

Verluste aus Beteiligungen

Verluste die durch die Beteiligung erzielt worden sind, korrespondierend zu der Freistellung der Erträge, ebenfalls nicht abziehbar. Zu den Verlusten aus einer Beteiligung gehören allerdings auch die Forderungsverluste aus Darlehen, wenn diese Darlehen an einem Gesellschafter ausgereicht wurden der zu mindestens 25 % beteiligt ist, oder eine dem Gesellschafter nahestehende Person. Davon kann nur bei einem positiven Fremdvergleich abgesehen werden.

Leitsatz 38

Gewinne und Verluste aus Beteiligungen

Gewinne aus der Veräußerung von Anteilen an einer Kapitalgesellschaft sowie aus offenen und verdeckten Gewinnausschüttungen werden **steuerfrei** gestellt. Nur in Höhe von **5 %** der Einnahmen / des Gewinns erfolgt eine Hinzurechnung **nicht abziehbarer Betriebsausgaben** (§ 8b KStG). Diese Regelung wurde geschaffen um eine Doppelbesteuerung (auf Ebene der Gesellschaften) zu vermeiden.

Im Gegenzug dürfen Verluste aus Beteiligungen an Kapitalgesellschaften ebenfalls nicht berücksichtigt werden. Betriebsausgaben, die im Zusammenhang mit dem Erwerb und dem Halten der Beteiligung stehen sind **unbegrenzt abzugsfähig**.

Lektion 23: Natürliche Personen – Anteilsbesitz im Betriebsvermögen

Die offene Gewinnausschüttung

Offene Gewinnausschüttungen gelten beim Empfänger als betriebliche Einnahmen und werden bei der Ermittlung des Gewinns berücksichtigt. Bei diesen „Erträgen aus Beteiligungen" erfolgt jedoch eine Steuerfreistellung von 40 % (§ 3 Nr. 40 EStG). Der steuerrechtliche Terminus hierfür ist „Teileinkünfteverfahren". Im Gegenzug dürfen auch nur 60 % der Aufwendungen abgezogen werden, die mit der Anschaffung der Beteiligung im Zusammenhang stehen (§ 3c EStG).

Fall 127: Teileinkünfteverfahren

Die offene Handelsgesellschaft (OHG) „Caspar & Sohn" mit Sitz in der Hansestadt Hamburg weist für das Jahr 01 einen Gewinn von 150.000 € aus. In diesem Gewinn sind Gewinnausschüttungen der „Melchior AG" in Höhe von 85.000 € enthalten. An der „Melchior AG" ist die Firma „Caspar & Sohn" mit 85 % beteiligt. Die Anschaffungskosten betrugen damals 1.000.000 €. Der Erwerb wurde über ein Darlehen finanziert. An Darlehenszinsen wurden 15.000 € bezahlt.

Wie hoch ist der endgültige Gewinn?

	Vorläufiger Gewinn:		150.000 €
./.	Steuerfreistellung 40 % von 85.000 € (Gewinnausschüttung)	./.	34.000 €
+	nicht abziehbare Betriebsausgabe 40 % von 15.000 € (Darlehenszinsen)	+	6.000 €
	korrigierter Gewinn		122.000 €

Die Korrektur der des Gewinns erfolgt nur für steuerrechtliche Zwecke. Handelsrechtlich bleibt es bei einem Gewinn von 150.000 €!

Die verdeckte Gewinnausschüttung

Erfolgen verdeckte Gewinnausschüttungen zugunsten des betrieblichen Bereichs, sind die Auswirkungen auch dort nachzuvollziehen.

Fall 128: vGA im betrieblichen Bereich

Der Optiker Berenmesser ist an der „Optik Glass GmbH" mit 60 % beteiligt. Aufgrund seiner Gesellschafterstellung kann er die optischen Gläser für 50 % unter dem angemessenen Preis beziehen. Im vergangenen Jahr kaufte er Gläser im Wert von 200.000 € und bezahlte nur 100.000 €. Der vorläufige Gewinn betrug 150.000 €. Bei der „Optik Glass GmbH" fand eine Betriebsprüfung statt. Die verdeckte Gewinnausschüttung wurde korrigiert.

Bitte bilden Sie die Auswirkungen im Einzelunternehmen nach.

Es liegt in Höhe von 100.000 € eine verdeckte Gewinnausschüttung vor (Einkaufspreis 50 % vom regulären Preis).

Die verdeckte Gewinnausschüttung führt in Höhe von 60.000 € zu zusätzlichen Erträgen (60 % von 100.000 €, Teileinkünfteverfahren).

Gleichzeitig wird jedoch der Wareneinkauf ebenfalls korrigiert. Es wird unterstellt, dass der Optiker die Gläser zum regulären Preis bezogen hätte (200.000 € statt 100.000 €).

Daraus erfolgt folgende Gewinnkorrektur:

Vorläufiger Gewinn		150.000 €
Ertrag aus der vGA	+	60.000 €
erhöhter Wareneinsatz	./.	100.000 €
korrigierter Gewinn		110.000 €

Die verdeckte Gewinnausschüttung führt also im Einzelunternehmen zu einer Gewinnminderung.

Leitsatz 39

Das Teileinkünfteverfahren

Das Teileinkünfteverfahren stellt die **Erträge** aus Beteiligungen an GmbHs und ähnlichen Körperschaften zu **40 % steuerfrei**. In Höhe von 60 % erfolgt der Ansatz als **steuerpflichtiger Ertrag**. Gleichzeitig dürfen die Betriebsausgaben, die mit der Anschaffung oder dem Halten der Beteiligung im Zusammenhang stehen, auch nur zu 60 % als Aufwand angesetzt werden (§ 3c EStG).

Die Veräußerung der Beteiligung bei Bruchteilsbesitz (Beteiligungshöhe < 100 %)

Befinden sich die Anteile im Betriebsvermögen sind die Gewinne und Verluste aus der Veräußerung, unabhängig von der Höhe der Beteiligung und der Besitzzeit, nach dem Teileinkünfteverfahren zu berechnen.

Wie erfolgt die Ermittlung des Gewinns?

Zur Ermittlung des Gewinns sind die Grundsätze des § 17 EStG heranzuziehen. Dieser Paragraph behandelt die Veräußerung von Anteilen an einer Kapitalgesellschaft.

Gewinnermittlungsgrundsatz für den Veräußerungsgewinn ist:

	Veräußerungspreis
./.	Veräußerungskosten
./.	Anschaffungskosten
	Veräußerungsgewinn

Zu den Anschaffungskosten der Beteiligung gehören nicht nur der damals aufgewendete Kaufpreis oder die Gründungskosten, sondern zu den Anschaffungskosten gehören auch die offenen oder verdeckten Einlagen (Lektion 5).

Fall 129: Veräußerung von GmbH Anteilen

Der Optiker Berenmesser beschließt, die Anteile an der „Optik Glass GmbH“ zu verkaufen.

Er findet auch schnell einen Käufer.

Gemäß eines Gutachtens (bezahlte Kosten für das Gutachten 8.000 €) wird ein fairer Preis von 450.000 € ermittelt und vereinbart. Die Anschaffungskosten vor 15 Jahren betrugen umgerechnet 180.000 €.

Neben der verdeckten Gewinnausschüttung (siehe Fall vorher) wurde auch eine verdeckte Einlage in Höhe von 50.000 € festgestellt. Wie hoch ist der steuerliche Veräußerungsgewinn?

Veräußerungspreis	450.000 €	
Ansatz 60 % × 450.000 € (§ 3 Nr. 40 EStG)		270.000 €
abzüglich		
Veräußerungskosten Gutachten		
Ansatz 60 % × 8.000 € (§ 3c EStG)	./.	4.800 €
Anschaffungskosten Beteiligung	180.000 €	
verdeckte Einlage	50.000 €	
insgesamt	230.000 €	
Ansatz 60 % der Anschaffungskosten	./.	138.000 €
Veräußerungsgewinn		127.200 €

Die Veräußerung von Anteilen bei Alleinbesitz (100 % Beteiligung)

Werden die Anteile an einer Kapitalgesellschaft durch einen Verkäufer komplett veräußert (Übertragung der gesamten Beteiligung) kann auf Antrag ein Freibetrag gewährt werden. (§ 16 Abs. 1 EStG).

Bei der Veräußerung einer 100 % Beteiligung wird fingiert, dass ein kompletter Teilbetrieb veräußert wird. Der Freibetrag beträgt 45.000 €.

Folgende Voraussetzungen müssen für die Gewährung des Freibetrages erfüllt sein:

- Es handelt sich um eine das gesamte Nennkapital umfassende Beteiligung und diese Beteiligung wird komplett verkauft

- Der Veräußerer ist älter als 55 Jahre bzw. dauernd berufsunfähig

- Es wurde bisher kein Freibetrag aus der Veräußerung gemäß § 16 EStG beantragt und gewährt
- Der Veräußerungsgewinn beträgt weniger als 136.000 € (danach erfolgt eine Abschmelzung des Freibetrages)

Fall 130: Veräußerung einer 100-Prozent-Beteiligung

Alternativ beträgt die Beteiligung vom Optiker Berenmesser (Fall vorher) nicht 60 % sondern 100 %. Die Veräußerung erfolgt zu den genannten Konditionen.

Wie hoch ist der Veräußerungsgewinn nach Gewährung des Freibetrages?

	Ermittelter Veräußerungsgewinn	127.200 €
./.	Freibetrag gemäß § 16 Abs. 4 EStG	45.000 €
	begünstigter Veräußerungsgewinn	82.200 €

Fall 131: Alternative zu Fall 130

Alternativ soll der Veräußerungsgewinn 150.000 € betragen. Wie hoch wäre dann der anzusetzende Gewinn?

Veräußerungsgewinn				150.000 €
Reduzierung des Freibetrages				
Gewinn		150.000 €		
Gewinngrenze	./.	136.000 €		
Abschmelzung		14.000 €		
Freibetrag		45.000 €		
Abschmelzung	./.	14.000 €		
anzusetzen		31.000 €	./.	31.000 €
Veräußerungsgewinn				119.000 €

Leitsatz 40

Die Anteilsveräußerung

Die Anteilsveräußerung **unterliegt** ebenfalls dem **Teileinkünfteverfahren**. Wird eine **100-Prozent-Beteiligung** veräußert, wird die Veräußerung eines **Teilbetriebes** fingiert. Unter bestimmten, persönlichen Voraussetzungen ist dann die Gewährung eines zusätzlichen Freibetrages möglich.

Die Haftung der Lohnsteuer

Als Geschäftsführer der GmbH sind Sie stets verpflichtet die angemeldete Lohnsteuer auch an das Finanzamt abzuführen! Geschieht das nicht, haften Sie persönlich. Der Schutz der beschränkten Haftung der GmbH greift in diesem Fall nicht. Die Lohnsteuer wird für die Arbeitnehmer treuhänderisch verwaltet. Sie, als Geschäftsführer, können nicht darüber frei verfügen. Das gleiche Dilemma gilt für die Arbeitnehmeranteile an der Sozialversicherung (Krankenkasse, Rentenversicherung etc.).

Fall 118: Haftungsfalle im Lohnsteuerrecht

Die Firma „Schönblick GmbH" hat nur noch 25.000 an liquiden Mitteln zur Verfügung um die ausstehenden Löhne für Mai 01 zu bezahlen. Die Lohnverbindlichkeiten betragen 50.000 € (inklusive abzuführender Sozialversicherungsbeiträge und Lohnsteuer). Absprachegemäß zahlt der Geschäftsführer den Angestellten nur 50 % des Gehaltes aus und entsprechend zahlt er auch nur 50 % der angemeldeten Lohnsteuer und der gemeldeten Sozialversicherungsbeiträge, zu Recht?

Nein!

Die Lohnsteuer und die Arbeitnehmeranteile an der Sozialversicherung sind in voller Höhe zu bezahlen! Eine Lösung wäre vorerst nur einen gekürzten Lohn zu berechnen (Lohnsumme 25.000 €) und anzumelden.

Die pauschalierte Lohnsteuer

Neben der Lohnsteuer, die individuell für die Arbeitnehmer berechnet wird und als Vorauszahlung zur Einkommensteuer der Arbeitnehmer dient, existieren auch noch pauschale Lohnsteuersätze.

Die Lohnsteuer kann für bestimmte Arbeitgeberleistungen pauschaliert werden. Der Vorteil dabei ist, dass mit Zahlung der pauschalen Lohnsteuer die Besteuerung abgeschlossen ist. Der zugeflossene Vorteil muss nicht noch einmal im Rahmen Einkommensteuererklärung versteuert werden. In der Regel fallen für diese Zuwendungen mit der Lohnsteuerpauschalierung auch keine Sozialabgaben mehr an (Krankenversicherung, Pflegeversicherung, etc.).

Lektion 24: Natürliche Personen – Anteilsbesitz im Privatvermögen

Befinden sich die Anteile an der Kapitalgesellschaft im Privatvermögen, sind alle daraus resultierenden Einnahmen Einkünfte aus Kapitalvermögen (§ 20 EStG). Ausnahmen dazu sind bei der Veräußerung von Anteilen an Kapitalgesellschaften zu beachten, bei einem Anteilsbesitz von gleich größer 1 % (siehe Ende der Lektion).

Einkünfte aus Kapitalvermögen werden mit einem festen Steuersatz von 25 % zuzüglich Solidaritätszuschlag und eventuell Kirchensteuer besteuert. Steuerrechtlich spricht man hier von einer Abgeltungssteuer. Dieser feste Steuersatz wirkt auf den ersten Blick verlockend, bewegen sich die Einkommensteuersätze von beginnend 14 % auf bis zu satten 45 %!

Jedoch liegt auch hier die Tücke im Detail.

1. Die Ausgaben die im Zusammenhang mit den Einnahmen stehen (hier spricht man von Werbungskosten), dürfen nicht abgezogen werden. Es existiert ein Sparerpauschbetrag von 801 € /je Person (§ 20 Abs. 9 EStG), der von den (Gesamt-) Einnahmen abgezogen wird. Bei Verheirateten mit Zusammenveranlagung beträgt der Sparerpauschbetrag 1.602 €.

2. Sollten Verluste entstehen (bei der Veräußerung von Anteilen), sind diese nur mit Gewinnen aus der Veräußerung von Anteilen verrechenbar. Ein Ausgleich mit positiven Einkommen (z.B. Arbeitslohn) ist nicht möglich. Sollte im Jahr des Verlustes kein Ausgleich möglich sein, werden diese Verluste in das Folgejahr zur Verrechnung vorgetragen.

Besteuerung mit der Abgeltungssteuer (§ 32d Abs. 1 EStG)

Fall 132: Abgeltungssteuer

Herr Ducktales hat im Jahr 01 Dividendeneinnahmen (Gewinnausschüttungen) aus diversen Beteiligungen in Höhe von 10.000 € erzielt. Gleichzeitig erlitt er aus der Veräußerung von Aktien einen Verlust von 5.000 €. Wie hoch sind die der Abgeltungssteuer unterliegenden Einnahmen?

Die Einnahmen sind um den Sparerpauschbetrag in Höhe von 801 € zu kürzen

10.000 € ./. 801 € = 9.199 €

Einkünfte aus Kapitalvermögen in Höhe von 9.199 € sind mit dem Abgeltungssteuersatz von 25% zu besteuern.

Er muss auf seine Einkünfte aus Kapitalvermögen Steuern in Höhe von 2.300 € (zuzüglich Solidaritätszuschlag und Kirchensteuer) zahlen.

Der Verlust aus der Veräußerung der Aktien ist nur mit Gewinnen aus Aktienverkäufen verrechenbar. Im laufenden Jahr wurden keine Gewinne erzielt. Der Verlust wird festgestellt und ins Folgejahr vorgetragen.

Besteuerung nach dem Teileinkünfteverfahren (§ 32d Abs. 2 EStG)

Steuertipp: *Was passiert jedoch wenn im Zusammenhang mit den Beteiligungen umfangreiche Ausgaben (Werbungskosten) anfallen? Sind diese für immer verloren?*
Unter bestimmten Voraussetzungen kann für die Besteuerung das Teileinkünfteverfahren, wie bei Beteiligungen im betrieblichen Bereich, gewählt werden. Es erfolgt die Freistellung von 40%. Gleichzeitig werden diese Einkünfte im Rahmen der „normalen" Steuererklärung besteuert (und nicht mit pauschal 25%).

Voraussetzung für die Wahl zum Teileinkünfteverfahren ist (§ 32d Abs. 2 EStG):

- Die Beteiligungshöhe beträgt mindestens 25% oder
- Die Beteiligung beträgt mindestens 1%, der Beteiligte ist jedoch für die Gesellschaft beruflich tätig.
- Der Antrag erfolgt für die Dauer von fünf Jahren

Fall 133: Wahl des Teileinkünfteverfahrens

Herr Rosenhart ist an der „Butterblumen GmbH“ mit 28 % beteiligt. Die Beteiligung wird unstrittig zur Erzielung von Dividendeneinnahmen verwendet. Die damaligen Anschaffungskosten in Höhe von 500.000 € wurden durch ein Darlehen finanziert. Die dafür gezahlten Zinsen betrugen im vergangenen Jahr 30.000 €. An Dividenden wurden Herrn Rosenhart 50.000 € ausgeschüttet. Bitte vergleichen Sie die steuerliche Belastung bei einem angenommenen Steuersatz von 45 % für Herrn Rosenhart (nur Einkommensteuer).

Die Wahl des Teileinkünfteverfahrens

	Abgeltungssteuer	Teileinkünfteverfahren	Bemerkung
Einnahmen	50.000 €	30.000 €	Ansatz 60 % § 3 Nr. 40 EStG
./.			
Ausgaben			
a) Sparerpauschbetrag	-801 €	0 €	
b) Zinsaufwendungen		-18.000 €	Ansatz 60 % § 3c EStG
zu versteuern	49.199 €	12.000 €	
Abgeltungssteuer 25 %	12.300 €		
Steuersatz 45 %		5.400 €	
steuerliche Belastung	**12.300 €**	**5.400 €**	

Die besondere Antragsveranlagung (§ 32d Abs.6 EStG)

Eine Besonderheit sollten Sie noch kennen, sollte der persönliche Steuersatz unter dem Abgeltungssteuersatz liegen (persönlicher Durchschnittsteuersatz bis 24,99 %).

In dem Fall käme es mit dem Abgeltungssteuersatz von 25 % zu einer Überbesteuerung.

Deshalb existiert auch hier dahingehend ein Wahlrecht, die Einkünfte aus Kapitalvermögen mit dem persönlichen Steuersatz und nicht mit dem pauschalen Satz von 25 % zu besteuern.

Im Gegensatz zur Wahl des Teileinkünfteverfahrens ist jedoch hier der Abzug von Werbungskosten (Ausgaben) ausgeschlossen. Abziehbar ist nur der Sparer-Pauschbetrag in Höhe von 801 €. Verluste aus Kapitalvermögen bleiben weiterhin nur mit Gewinnen aus Kapitalvermögen und nicht etwa mit Gewinnen aus anderen Einkunftsarten verrechenbar.

Leitsatz 41

!

Wahlmöglichkeiten im Bereich der Abgeltungssteuer

Die Besteuerung der Ausschüttungen etc. auf Ebene der Gesellschafter erfolgt im Regelfall mit einem Steuersatz von 25 % (**Abgeltungssteuer**). Es ist möglich, die Besteuerung nach dem **Teileinkünfteverfahren** analog zum Anteilsbesitz im betrieblichen Bereich zu wählen. Dieses **Wahlrecht** ist für die Dauer von fünf Jahren bindend. Sollte der persönliche Steuersatz unterhalb des Abgeltungssteuersatzes liegen (< 25 %), kann auch eine **Antragsveranlagung** gewählt werden. Dann werden diese Einkünfte dem persönlichen Steuersatz unterworfen.

Veräußerung von Anteilen an Kapitalgesellschaften (§ 17 EStG)

Beträgt der Anteilsbesitz weniger als 1 % am Stammkapital der Gesellschaft in den letzten fünf Jahren, so liegen bei einer Veräußerung ebenfalls Einkünfte aus Kapitalvermögen vor. Im Regelfall erfolgt die Besteuerung mit der beschriebenen Abgeltungssteuer von 25 %.

Besaß der Gesellschafter in den letzten fünf Jahren mindestens 1 % der Anteile unterliegt der Veräußerungsvorgang dem Teileinkünfteverfahren (60 % steuerpflichtig / 40 % steuerfrei, § 3 Nr. 40 EStG). Die Berechnung des Veräußerungsgewinns erfolgt wie im Fall 133. Der Veräußerungserlös wird zu 60 % angesetzt, die Anschaffungskosten, Veräußerungskosten etc. werden in Höhe von 60 % vom angesetzten Veräußerungserlös abgezogen. Es existiert ein Freibetrag von 9.060 € bei einer Beteiligung von 100 %. Der Freibetrag wird entsprechend des prozentualen Anteilsbesitzes gewährt. Beträgt der Anteilsbesitz z.B. nur 10 % beträgt der persönliche Freibetrag nur 906 €. Der Freibetrag schmilzt ab soweit ein Veräußerungsgewinn von 36.100 € überschritten wird (bei einer 100 % Beteiligung). Beträgt der der Anteilsbesitz z.B. nur 10 % beginnt die Abschmelzung bereits bei einem Veräußerungsgewinn von mehr als 3.610 €. Einer Veräußerung gleichgestellt ist zum Beispiel die Liquidation einer Kapitalgesellschaft (Lektion 21). Die Liquidationsgewinne unterliegen beim Anteilseigner ebenfalls dem Teileinkünfteverfahren.

Übersicht 20: Besteuerung des Anteilbesitzes

	natürliche Personen		**Juristische Person**
	Anteile im Privatvermögen	Anteile im Betriebsvermögen	nur Anteile im Betriebsvermögen möglich
Einnahmen	Ansatz zu 100 %	Ansatz zu 60 % (Teileinkünfte verfahren)	Ansatz von 5 % als nicht abziehbare Betriebsausgaben
Ausgaben Werbungskosten	kein Ansatz	Ansatz zu 60 %	Ansatz zu 100 %
Steuersatz	25 % Abgeltungssteuer	persönlicher Steuersatz	ca. 30 % (Körperschaft + Gewerbesteuer)
Besonderheiten bei **Privatvermögen**	a) Wahl zum Teileinkünfteverfahren möglich, b) Wahl zur Veranlagung möglich (wenn persönlicher Steuersatz < 25 %)		

Schlussworte

Sie sind am Ende des Leitfadens der GmbH-Besteuerung angelangt. Der Autor hofft, Ihnen den Weg geebnet zu haben diesen sehr anspruchsvollen Besteuerungskomplex besser zu überblicken, sei es als Student an der Hochschule, oder als angehender bzw. praktizierender Geschäftsführer einer GmbH. Blättern Sie immer wieder in dem Buch. Lesen Sie noch einmal die Punkte, die Ihnen beim ersten Mal nicht recht einleuchteten. Sie wissen ja „Steter Tropfen höhlt den Stein“.

Über Anregungen und Kritik ist der Autor sehr dankbar (über den Verlag oder seine Berliner Kanzlei). Es hilft Neuauflagen noch zu verbessern und dass es auch in Zukunft heißt: „Die Steuer der GmbH – *leicht gemacht*®“.

A

Abgabenordnung 11
Abgeltungssteuer 211
- besondere Antragsveranlagung 214
Abgeltungswirkung 10
Abhilfebescheid 19
Abschreibungen 87
abweichendes Wirtschaftsjahr 40
Abzugsmethode 109
Anlage UR 177
Anrechnungsmethode 107
Anteilsveräußerung 209 f., 214
Ausfuhrlieferungen 159
ausländische Einkünfte 105
ausländische Verluste 116

B

Bauabzugsteuer 192ff.
beherrschender Gesellschafter 53 f.
Bescheid nach §164 AO 21
Bescheid nach §165 AO 22
Besteuerung des Welteinkommens 31
Beteiligungen
- an anderen Körperschaften 83
- an Personengesellschaften 139
Beteiligungsgewinne 203
Beteiligungsveräußerung 208 ff.
Beteiligungsverluste 204
Betriebsprüfung 23
Betriebsvermögen, gewillkürtes 202
Betriebsvermögen, notwendiges 202
Bewirtungsaufwendungen 76
Bilanz 28

D

Doppelbesteuerungsabkommen 33, 106
- fehlendes/ unvollständiges 112 ff.
Drittland 159
durchlaufender Posten 9

E

E-Bilanz 16
Einheitswert 141
Einkommen 30
Einkommensermittlung 27
Einkünfte 30
Einkünfte aus Kapitalvermögen 211
Einlage
- steueroptimiert 71
Einspruch 19
Elsterverfahren 175
Ertragsteuer 7,9

F

Festsetzungsverjährung 25
- Hemmung 26
Finanzamt 11
Freistellungsmethode 107
Fremdgeschäftsführer 52
Fremdvergleich 49, 53

G

Geschenke an Arbeitnehmer 75
- an Geschäftspartner 74
Gesellschaft mit beschränkter Haftung 36
Gewerbeertrag 130 f.
Gewerbesteuer 129
- Ermittlung 132 ff.
- Hebesatz 132
- Hinzurechnungen 135 ff.

- Kürzungen 141 ff.
- Liquidation 200
- Organschaft 149
- Steuerbefreiungen 130
- Steuermessbetrag 145 ff., 132
- Steuermesszahl 132
- Verlustabzug 148

Gewinn 29, 74
Gewinn- und Verlustrechnung 28
Gewinnabführungsvertrag 97
Gewinnausschüttung 9
- disquotal 63
- offen 43, 46, 57, 206
- offen, verhinderte Vermögensmehrung 50
- verdeckt, erwünscht 62f.
- verdeckt, Vermögensabfluss 49
- verdeckte 43, 57, 207

Gewinneinkunftsarten 29
Gewinnverwendung 44
Gewinnvortragskonto 45
Grunderwerbsteuer 190ff.
Grundlagenbescheid 18,24
- geändert 24

Grundsteuer 141, 188 ff.
- (Teil-)Erlass 189
- Steuerpflicht 188

Gründung 13,35

H

Haftung des Geschäftsführers 15
haftungsbeschränkte Unternehmergesellschaft 5
Haftungsbeschränkung 14
Handelsbilanz 27
häusliches Arbeitszimmer 80

I

Innenumsätze 180
Innergemeinschaftliche Lieferungen 159

J

Jahresabschluss 16 f.
Jahresabschluss-Anhang 28
juristische Person 12, 48
- Anteilseigner 201

K

Kapitalertragsteuer 9, 182 ff.
Kapitalertragsteueranmeldung 183
Körperschaft 11 ff.
Körperschaft des öffentlichen Rechts 12
Körperschaft des privaten Rechts 12
Körperschaftsteuer 27
- Bemessungsgrundlage 30
- Besteuerungszeitraum 42
- Einkommensermittlung 38
- Liquidation 196
- Steuersatz 39

Korrektur von Steuerbescheiden 21, 24
Korrespondenzprinzip 204

L

Lagebericht 28
Limited 5
Liquidation einer GmbH 195
Liquidationseröffnungsbilanz 196
Liquidationsgewinn 199
Liquidator 195
Lohnsteuer 9, 185
- Haftung 186
- pauschalisiert 186
- Zuwendungen an Arbeitnehmer 187

M

Minderheitsgesellschafter 102

N

nahestehende Personen 50 ff.
nicht abziehbare betriebliche Steuern 82
nicht abziehbare Betriebsausgaben 74

O

Organschaft 96, 104

P

Parteispenden 82

R

Rechtsbehelf 19
Rechtsbehelfsfrist 19, 21
Rückwirkungsverbot 54 f.
Rumpfwirtschaftsjahr 40

S

Schenkungssteuer 64 ff.
Spendenabzug 91 ff.
Stammkapital 45
Steuer 6, 8
steuerbare Umsätze 154
Steuerbefreiung 35
Steuerbefreiung-persönlich 34
Steuerbefreiung-sachlich 34
Steuerbescheid 17, 2
- unwirksam 18
Steuerbescheinigung 183
Steuerbilanz 28
Steuererklärung 15
- Abgabetermin 16
Steuererstattung 22
steuerfreie Betriebsausgaben 82 f.
Steuerhinterziehung 25
steuerliche Pflicht 14
Steuernachzahlung 22
Steuerpflicht
- beschränkt 32
- unbeschränkt 31
- Ende 37
Steuerverkürzung 25
stiller Gesellschafter 137
Stimmrechtsmehrheit 97

T

Teileinkünfteverfahren 61, 206, 212 f.
Tilgungsquote 15
Treuhänderische Steuer 10

U

Überschusseinkunftsarten 29
Umsatzsteuer 152 ff.
- Dauerfristverlängerung 175
- Identifikationsnummer 159
- Liquidation 200
- Organschaft 179 ff.
- Ort des Umsatzes 157
- Rechnungen 167, 167
- Soll-/Istbesteuerung 173 f.
- Sondervorauszahlung 176
- steuerbefreite Umsätze 158, 160 ff.
- Steuersatz 164
- Umkehrung der Steuerschuld 165
- Verzicht auf Steuerbefreiung 162 f.
- Voranmeldungszeitraum 174 ff.
- zusammenfassende Meldung 160
Unternehmenssteuer 7
Unternehmergesellschaft 46

V

Verbrauchssteuer 8 f.
verdeckte Einlagen 67
- unentgeltliche Nutzungsüberlassung 69
- Verzicht auf Nutzungsvergütung 69 f.
Vergütungen für den Aufsichtsrat 88
Verkehrssteuer 8 f.
Verlustabzug 122
Verlustausgleich 124
Verlustrücktrag 122
Verlustvortrag 122
- stille Reserven 127f.
- Wegfall 124
Veröffentlichungspflicht 17
Verpflegungs-mehraufwendungen 77
Verspätungszuschlag 6, 16
Vertreterhaftung 14
Vorauszahlungen 7
Vorgesellschaft 36
Vorgründungsgesellschaft 36
Vorsteuerabzug 170
Vorteilsgewährung 50 ff.

W

werbende Tätigkeit 129
Werbungskosten 211
widerstreitende Steuerfestsetzung 23

Z

Zinsschranke/Teilabzugsverbot von Zinsaufwendungen 86
Zinszahlungen 57
zu versteuerndes Einkommen 30
Zuschlagsteuer 10

leicht gemacht®

EÜR – *leicht gemacht®*

Die Einnahme-Überschuss-Rechnung für Studium und Praxis

von Reinhard Schinkel, Steuerberater
und Michael Sladek, Rechtsanwalt

Die Autoren erläutern in gewohnt fallorientierter Darstellung und abgerundet durch viele Leitsätze und Übersichten alle Einzelfragen auf dem Weg zur idealen Einnahme-Überschuss-Rechnung. Darüber hinaus werden nicht nur wichtige Grundlagen (Einordnungen etc.), sondern auch weiterführende Überlegungen (Auswertung etc.) entsprechend dargestellt.

Dieses EÜR-KOMPENDIUM richtet sich an Studierende der Steuerberufe, an Steuerfachangestellte aber auch an alle interessierten Unternehmer.

Mit einem Extra-Register für die Anlage EÜR.

Klausuren im Steuerrecht– *leicht gemacht®*

Arbeitstechniken und Lösungshinweise für die optimale Vorbereitung

von Reinhard Schinkel, Steuerberater

Wie schreibt man erfolgreich Klausuren?

Ein erfahrener Steuerberater und Coach vermittelt das Handwerkszeug, um steuerrechtliche Prüfungen besser zu bestehen. Keine Aufgabensammlung! Im Gegenteil, das Lehrbuch erläutert:

- Techniken und Strukturen
- Aufbau- und Lösungshinweise
- Motivationen und Lernformen

Das Buch, um sich optimal auf Klausuren vorzubereiten.

Mit vielen Übersichten, Leitsätzen und Prüfschemata.

Blaue Serie

Kudert
Steuerrecht – leicht gemacht
Das deutsche Steuerrecht

Warsönke
Einkommensteuer – leicht gemacht
Das EStG-Kurzlehrbuch

Warsönke
Körperschaftsteuer – leicht gemacht
Die Besteuerung juristischer Personen

Mücke
Umsatzsteuer – leicht gemacht
Recht der MwSt

Kerstin Schober
Gewerbesteuer – leicht gemacht
Systematisch – präzise – verständlich

Schober
Die Steuer der Immobilien – leicht gemacht
Haus- und Grundbesitz

Heinen
Die Steuer der Personengesellschaften – leicht gemacht
GbR, OHG, GmbH & Co. KG ...

Schinkel
Die Steuer der GmbH – leicht gemacht
Das Steuer-Kurzlehrbuch

Mutscher/Benecke
Die Steuer der Umwandlungen – leicht gemacht
Das Umwandlungssteuerrecht

Schinkel/Sladek
EÜR – leicht gemacht
Die Einnahme-Überschuss-Rechnung

Drobeck
Erbschaftsteuer – leicht gemacht
Das ErbSt/SchSt-Kurzlehrbuch

Warsönke
Abgabenordnung – leicht gemacht
Das ganze Steuerverfahren

Sorg
Steuerbilanz – leicht gemacht
Die steuerlichen Grundsätze

Kudert/Sorg
Rechnungswesen – leicht gemacht
Buchführung und Bilanz

Kudert/Sorg
Übungsbuch Rechnungswesen – leicht gemacht
Lernen und Üben

Kudert/Sorg
IFRS – leicht gemacht
Int. Financial Reporting Standards

Heinen
Internationales Steuerrecht – leicht gemacht
Die Besteuerung grenzüberschreitender Sachverhalte

Schinkel
Klausuren im Steuerrecht – leicht gemacht
Klausurhilfe: Techniken und Methoden